ちょっと深掘り日本金融史

歴史から金融を考える

OCHIAI Kou
落合　功

学文社

はじめに

『ちょっと深掘り　日本金融史』を刊行します。

本書は、四年前に刊行した『やさしく日本の金融史』(学文社、二〇二〇年) の姉妹版です。本書の内容は、『月刊金融ジャーナル』で連載しているものを再構成したものです。前著で含めることができなかった「人物」「戦時期」「戦後」「海外（付録）」の四種類の内容を収録しました。本書では、大きく「人物編」「戦中編」「戦後編」そして「付録（海外の金融）」に分けて紹介しています。

「人物編」については、明治維新以降、金融（財政などを含む）に関わった人々について、金融関係者だけでなく、実業家、政治家や学者を含めて紹介しています。注意してほしいのは、「人物編」については、たとえ、それが現在において大きな失政であったと判断されていたとしてもそれは個人の責任ではないということです。政策には必ず背景があるということです。よって、政策や実業が成功したか、失敗したかということではなく、むしろ「何故、その人が、このような政策をとったのか」という点を重視し叙述しました。それは、金融政策や思想は個々の意思や判断によりますが、それを実行するためには、当時の社会状況があったからで、個々人の事情ではないからです。その意味で、人物を取り上げていながら、必ずしも一人だけの功績というわけではありません。また、同じ時代に活躍している人を多く取り上げています。彼ら一人ひとりを見ていくと、それぞれ目指すところは違っています。それが「間違い」「失敗した」ということは、結果です。多くの意見が飛び交う中、金融という海の舵取りがなされていたということです。

「戦中編」は、戦時中の金融史（特に銀行の様子）を中心に紹介しています。戦争中であっても、人々は生活し続けなければいけません。よって、金融活動を止めることはできません。多くの人々が出征しても、銀行は営業を止めるわけにはいきません。しかも銀行の店舗は市街地の中心部に設置される場合が多く、被災の可能性は高いのです。銀行営業はまさに命がけでした。

「戦後編」は、戦後直後のハイパーインフレから高度経済成長までの金融史を紹介しました。現在、金融自由化が推進され、既存のシステムは大きく変化しました。ただ、変わるべきところと共に、変わらなくても良い所もあるでしょう。ドイツほどではありませんが、戦後ハイパーインフレを招いた日本経済はどのように立て直したのでしょうか。そして東洋の奇跡といわれる日本の復興から高度経済成長に至る過程に、その基礎を支えた金融はどのようなものかを感じてほしいです。

「附録」については、海外の金融について簡単に紹介しています。まだまだ十分ではありませんが、日本の金融システムと全く違う点などを理解していただければと思います。

本文中に〔前44〕とか〔4〕などという注記があります。これは参照してほしい項目を示しました。たとえば〔前44〕であれば、『やさしく日本の金融史』の「44　日本銀行の設立─松方正義の決意」の箇所を読んでください。また、〔4〕であれば、本書の「4　渋沢栄一」ということです。重複する内容もありますが、理解が深まると思います。

最後に、幕末の西暦についてですが、本来であれば、グレゴリオ暦で取り上げなければなりません。たとえば、明治元年一月一日は、本来西暦一八六八年一月二五日になります。ただ、それだと混乱する可能性があるので一八六八（明治元）年一月一日というように、原則として和暦に準拠しています。ご了解ください。

金融史（そもそも金融）の問題は、なかなか近寄りがたいテーマだと思います。比較的、気楽に読めて、「金融とは何か」ということが少しでもわかっていただくことを目指しました。少ししか掘り下げていませんので、さらに深掘りできるはずです。さらに疑問を持った場合は、是非、色々調べてください。各項の最後に参考文献を紹介していますので、それらを読みつつ、さらにそれらが紹介している文献から、多くの文献を読み進めて下さい。本書を読んで、少しでも金融の問題に関心を持っていただければと思います。

目次

第2部　金融史としての戦時期

第3部　金融史としての現代

附録　海外の金融

第1部

個人史から紐解く金融史

身体に例えると金は血液といわれる。金の流れが良好だと社会は安定するし、金の流れが閉塞的になると、社会は停滞する。経済成長に伴い、金を増やすのは必要なことだが、無用に増やしたり、減らすのは良くない。恣意的に行うのはもってのほかといえるだろう。

金自体は物質なので、それ自体は無力だが、社会、国家、個人を規定する要素は大きいため、それに関わる主体は多様で社会への影響も甚大である。金融業者、政治家、企業家、学者、そしてもちろん預金者など。彼らは、それぞれの強い意志や思惑によって金のあり方をめぐり発言し、関わろうとする。もちろん、その行動は個々人の意志によって決まるのではない。国内外の経済情勢はもちろん、発言者や行動主体自身のこれまでの経験や思想など様々な要素が背景にあることは間違いない。現在、日本の累積債務残高は一〇〇〇兆円を超えて久しいが、この世界一の債務国であることも人々の意志の結果であり、決して自然現象ではないのである。

本項では、金融史に登場する個々人がどのように金融に関わったか、その結果どうだったのかを紹介する。まだまだ取り上げられていない人物も多いが、それは今後付け加えていきたい。

1

由利 公正
（一八二九―一九〇九）

富国の願いを紙幣に込めて

◆はじめに

今から一五〇年前、江戸幕府が崩壊し明治の時代を迎えた。維新とは「維(こ)れ新(あらた)なり」とも読み、「物事が改まって新しくなること」を意味する。多くの人々は新たな時代の到来に期待した。ところが、維新政府には改革を推進するために必要なお金がほとんどなかった。旧幕府軍との戦闘も始まろうとしていた。理想だけでは世の中を変えられない。この時、財政通として知られ「富国の基礎」を築いたのが由利公正であった〔前37〕。

◆越前（福井）藩士・由利公正

由利公正は一八二九（文政一二）年一一月一一日、越前藩士の家に生まれた。名前は三岡八郎。明治以降に由利公正と改名する（「由利財政」の時期も三岡なのだが由利とする）。

青年時は、越前藩主の松平慶永の顧問として招かれた横井小楠に師事した。横井は興業することで浮遊者を減らし、国を富ますという富国思想を持っていた。そのための資金として藩札を発行し、殖産興業を推進、生産物は藩が積極的に販売先を確保し、肥料を提供するなどの施策を主張した。三岡はこの教えを実行し、越前藩の財政改革を成功に導いた。実際に藩札を発行し、これを基に養蚕業などを奨励、得られた製品（繭糸）を藩が集荷し、横浜（開港場）へ送り販売するという方法であった。慶永が政事総裁職に任じられると側用人になるが、その後、藩論が変わり、蟄居を命じられている。

坂本龍馬との交際があったことでも知られる。大政奉還がなされた直後、龍馬は越前の三岡のもとに出向いている。蟄居中の身でありながら、龍馬と大政奉還後の新政権のあり方について深夜まで語り明かした。京都に戻った龍馬は、すぐに岩倉具視に三岡を新政府の一員に推挙している。また、龍馬は越前藩の重臣である中根雪江に対し、「三岡の上京が一日遅れれば、国家（維新政府）の会計（財政）を固めるのが一日遅れる」という書状を送り、三岡の蟄居処分を解き、新政権に参画させるため上京させるよう促している。龍馬が暗殺される五日前に書状が認められたため、「坂本龍馬の遺言」「由利公正は坂本龍馬から後事を託された」などともいわれる。

◆由利公正の登場

一八六七（慶応三）年一〇月一四日、十五代将軍徳川慶喜は、将軍の職を辞し、政権を返上することを朝廷に申し出た。いわゆる大政奉還である。これにより、およそ二五〇年続いた徳川時代は終焉を告げた。一二月九日、朝廷は幕府を廃絶し、再び天皇を中心とした政治を推進することを宣言。これが王政復古の大号令である。明治に改元するのは翌年九月のことである。

由利公正

出所：国立国会図書館ウェブサイト「近代日本人の肖像」

由利公正が徴士・参与に任じられたのは王政復古の大号令が発せられた九日後の一二月一八日のことである。大号令の当日に岩倉ら五人が、翌日に西郷隆盛と大久保利通が参与に任じられたことを踏まえれば、由利もかなり早い時期（福井から上京してすぐ）に任じられている。

新政府は金穀出納所を設置すると、由利に財政を担うべく御用金穀取扱取締に任じた。当時の維新政権の人材を見ると、尊王攘夷や倒幕を主張する武闘派は多かったが、財政に明るい人材はほとんどいなかった。しかも、維新政権を支える財政的基盤は何もなかった。越前藩の財政立て直しに成功した実績を持つ由利は、財政を担える人物として傑出していたのである。同じ越前藩士の松平正直が後日、「由利を信じて置けば馬鹿なことはしない、何か物には成るだろうと云ふ位の大掴みの信用を措いて居つた」と述懐しているように、ほぼ一任で新政府の財政を任されたのである。

◈「何も無し」から始まる

維新政府に着任した由利には、すぐに大仕事が待っていた。明治維新政府としての宣言文の作成で、福岡孝弟（土佐藩）と共に五か条の誓文の原案を起草した。

これとあわせてもう一つ重要な仕事があり、それは軍資金の調達であった。着任した直後の正月、旧幕府軍との間で鳥羽伏見の戦いが勃発。以後、戊辰戦争は箱館戦争が終結するまでの一年四か月続く。戦闘が行われる以上、勝たなければ新政府の構想は理想でしかなくなる。勝つためには軍資金や兵糧を調達しなければならず、たちまち軍資金として二〇万両が必要になった。しかも、そんな時にもかかわらず、維新政権に列した人々は高額の報酬を主張した。「万国に誇るべき国家を樹立するのに薄給で遇すべきではない」「諸国の公使に対して恥ずかしくないように」と、自分勝手な主張をし、それまでの十倍以上の手当俸給を求めている。由利は、かかる無茶苦茶な要求にも応えなければいけなかった。

これに対して由利には腹案があった。それは、越前藩で成功した財政政策を援用することである。つまり紙幣を発行し、それを民間に貸与、殖産興業への資金に充てようとしたのである。ただこの提案には、新政府の中からも多くの異論が出され、まずは三〇〇万両を基金（会計基立金）として調達することから始めている。一八六八（慶応四）年一月、京都二条城に京都や大坂の為替方や両替商を集めて、三〇〇万両を捻出するように無心した。「無心した」

と言えば穏やかだが、有り体にいってしまえば、豪商たちを呼びつけ恫喝し、お金を献金させた（巻きあげた）というのが正しい理解である。この三〇〇万両の調達金に恐れをなし、大坂の多くの商人は休店したという。

◆政府の信用で紙幣を発行

豪商たちから御用金を調達し政府財政に充てる方法は、江戸幕府も行っていた。もちろん、由利はそのような方法で財政基盤が固まるとは思っていなかった。当時、維新政府はそのあるべき方法について意見を聴取しているが、主たる意見は節約（節倹）することで財政を緊縮させ、その上で農業の生産性を高めていくという主張が大半であった。これは江戸時代以来の古典的な経済政策である。

由利はこれらの意見に反対だった。「経綸（秩序を整え国家を治める方策）無くして、いたずらに倹約を叫ぶのは、金が無いので我慢して魚や肉を食べないのと同じで愚かなことだ。人心が委縮してしまう。むしろ、それなりに食べ、衣類も着て、金をたくさん使う方が良い」と、財政規模を拡大する富国を目指したのである。だからこそ紙幣発行を推進しようとしたのだ。

具体的には、三〇〇万両を基金とした上で、全国の人口が三〇〇〇万人という概算に基づき、三〇〇〇万両の紙幣（太政官札）を発行する方法をとった。太政官札は一三年間の通用とし、政府紙幣として強制通用することにしたのである。そして、諸大名に対し一万石あたり一万両の太政官札を貸し付け、毎年一割ずつ（一千両）一三年賦（金利が三割）で返済を求めることにした。また、商法司―商法会所を組織し、民間に対しても太政官札を貸与し、運用することにした。太政官札は金や銀などに兌換できない（不換紙幣）、政府の信用を根拠に発行された政府紙幣であった。このように、殖産興業資金として、藩と民間に貸し付け、一三年間で三九〇〇万両を回収する計画を立てたのである。

しかし、この計画を不安視する声もあり、岩倉からは太政官札が発行される前日になって「非常に心配なので明日の発行は待ってくれ」と言われた話も残っている。しかし、一方で岩倉は大久保に対し「皇国富強の基礎を確立するためにも、三岡（由利）の取り組みが成功するように支援してほしい」と書状を送っている。維新政府は富国の夢を由利の手腕に託したのである。

◆信用得られず価値が下落

だが、結果はうまくいかなかった。明治政府は太政官札を二八〇〇万両程度発行し、藩への貸付金が一三〇〇万両、民間への貸付金は一五〇〇万両ほどあったが、このうち回収できたのは、藩からは四二〇万両、民間からは一一〇〇万両程度であった。発行高の半額程度しか回収できなかったのである。

失敗の原因はいくつもあった。一つは戊辰戦争が長期化したことである。太政官札を政府紙幣として強制的に通用させようとしても、東国は戦争状態であり、太政官札の影響力はなかった。戦争の渦中にいた大村益次郎からは太政官札ではなく、一〇万両を正貨（金貨）で調達するよう強く要請されている。「そんなことを言われても、正貨で一〇万両は無理である」と答えると、「それならば強借しろ」と迫られてしまう。そうして、結局は豪商たちを木刀で作った刀で脅して一〇万両を調達したという。

もう一つは、各藩に対し殖産興業のために太政官札を貸し付けたはずが、各藩は借財の返金に充ててしまう事例が多かったことだ。しかも太政官札一万両を、五〇〇〇両か三〇〇〇両程度の価値として扱われてしまった。

さらに、太政官札は外国商人から信用されず、太政官札での取引きを拒否されている。このため、外国商人と取引きのある国内の商人からも反発も受けた。

これらの事情から強制通用は不可能となり、金札の相場が正貨（金貨）と異なるようになっていく。一八六八（明治元）年一二月、納税額が一〇〇両の場合、金札では一二〇両で支払うように布告が出される。維新政府も金札の価値が下落したことを公に認めたのだ。翌年五月には、太政官札ではなく金札と名乗るように触れも出されている。太政官札の名称を使うのは、太政官の権威を傷つけることになるからだろう。

こうしたなか、由利は一八六九年二月一七日、病気を理由に会計官事務局を静かに去った。

◈日本の経済政策の基調に

明治初期に行われたこの財政政策のことを由利財政と呼ぶ。もともと価値が無い紙幣に価値を持たせ、それを勧業資金に充て殖産興業の推進を図る方法は、興産紙幣として高く評価された。しかし、戊辰戦争が長引いたという不運や、太政官札を各藩に「ばら撒いた」ため借金返済などに都合よく使われてしまったことなど、由利の意に反した結果を招いている。政策が混乱を招いたことは確かだが、由利だからこそこの時期を乗り切れたともいえるだろう。

現在、経済史ではこの時期以降の経済を「資本主義化」「工業化・産業化」と呼称するが、当時の人々はそんなことは考えていなかった。維新政府の人たちは、もっと豊かな国になることを目指したのである。倹約で財政を緊縮するのではなく、紙幣増刷によって経済規模を膨らませ、経済を活性化することで一人ひとりの生産性を高め、たくさん物を消費する。こうした豊かな国を目指した。かかる由利の富国思想は、その後の政権にも経済政策の基調として引き継がれていくことになる。

由利は福井藩に戻ると、再び藩財政の立て直しに尽力する。そして、一八七一年には東京府知事に任じられる。翌年の大火をきっかけに銀座煉瓦街の建設を推進し近代都市東京の基礎を築くことになった。その後、元老院議官、貴族院議員なども務めた。一九〇九年四月二八日に死去する。

【参考文献】

落合功「明治維新期の財政政策と経済思想―由利公正と大隈重信―」川口浩編著『日本の経済思想世界』（日本経済評論社、二〇〇四年）

2 福澤 諭吉（一八三四―一九〇一）

欧米の銀行・保険を紹介

◆はじめに

福澤諭吉は一万円札の肖像だった人として知られる、私たちにとって身近な人物だ。一八三四（天保五）年一二月一二日、大坂にある中津藩の蔵屋敷で生まれた。一八六〇（安政七）年、日米修好通商条約の批准を交換するため渡米する咸臨丸に乗り込んだ。啓蒙思想家として知られ『西洋事情』（一八六六年）や『文明論之概略』（一八七五年）などを執筆し、欧米の歴史、文物、制度、思想などを紹介した。一八六八（慶応四）年四月（九月に明治へ改元）には慶應義塾大学を創設し多くの人材を輩出。晩年には『福翁自伝』などを執筆し、一九〇一年二月三日に死去する。

◆国民に独立を求める

福澤に対する評価は様々だが、現在に至るまで学ぶことは多く、いくつもの名言を残している。四民平等を謳った「天は人の上に人を造らず、人の下に人を造らず」は、『学問のすゝめ』（一八七二年）の初編冒頭に記述されている。これは多くの人々に歓迎され、総発行部数三四〇万部のベストセラーになった。この、『学問のすゝめ』の一節（第三編）に「一身独立して、一国独立す」という言葉がある。個人の独立なくして国の独立はないし、国の独立なくして個人の独立はありえない。日本は植民地になることを危惧（きぐ）し明治維新を実現した。世界の中で自立した新たな国家を築くため、福澤は国民一人ひとりに意識改革を求めたのである。

それでは、福澤が指摘する「一身独立＝個々の独立」とは果たして何を意味するのだろうか。『学問のすゝめ』では、二つの独立を紹介している。一つは「他人の智恵に依らざる独立」である。自分自身で考え、独自に行動できる能力を身につけた独立を意味する。「言われたことを忠実に仕事をすること」は、つまらないことだが、責任を持つ必要が無く、ある意味気楽なことである。自分自身に責任を持ち行動することは、責任が伴い難しいことでもある。

もう一つは「他人の財に依らざる独立」で、自分自身で稼ぐ能力を身につけた独立を意味する。江戸時代は、生まれながらにして職業が決まっていて将来を考える必要はなかったが、明治以降は自身の才覚で仕事を探さなければならなくなった。個々人が何らかの能力を身につけ、それを社会に生かしていくことが求められるようになったのだ。だからこそ、全ての人々は学問を身につけなければならなかった。これは一八七四年に出された学制の冒頭にも学校設立の理由として、「人々が自ら身を立て、その産を治め、その業をさかんにすることで、生を遂げる。身を脩め、智を開き、才芸を長ずるためには学がなければできない。だからこそ学校を設置する」と、能力を花開かせるためには学問が必要であると述べている。福澤自身も若者が学問を学ぶ場として慶應義塾を創設する。

福澤諭吉
出所：国立国会図書館ウェブサイト「近代日本人の肖像」

◆経済の基礎を紹介

福澤は、『文明論之概略』『西洋事情』などの書物を通じて、欧米の文化、文物、制度などを紹介した。その内容は経済・政治にとどまらず、兵器から芝居まで幅広く、そして深い。経済を学ぶための入門書として著した『民間経済録』の第二編には「銀行」「保険」について章を設けて紹介している。

福澤は経済におけるお金の動きを川の流れに例えて紹介した。山から海に流れる水を流れに任せれば、田地に役立つこ

三田キャンパス図書館旧館
1858（安政5）年に蘭学塾として開塾，1868（明治元）年に名称を「慶應義塾」と定めた。
出所：慶應義塾広報室提供

とはない。しかし、大河となるものをせき止めて、田地へと導き入れ、さらには用水池を設ければ広大な田地を潤わすことができるだろう。こうした「用水の大切さを知っていれば、商工業において銀行がいかに大切かも分かるだろう」と述べている。

お金に余裕がある富裕な人たち（貸し手）がお金を貸そうとしても、借り手の信用が不確かであれば貸すことはできない。また事業を起こそうとして大金を必要としても、個人一人ひとりにお願いしてお金を借り集めるのは容易なことではない。こうした課題に対し、信頼ある人物が銀行を設立すれば、各人から集金できるし、商工業への利便性を図ることもできると主張した。また、お金が余っている人々は預金をすれば金利の形で利益を得ることができる。さらに遠隔地で取引きする時の資金を提供することもできると述べている。個々のお金を銀行に集めることは、小さい川の水をせき止め、用水池に蓄えることと同じであるという説明だ。

◆銀行経営は着実に

福澤が指摘する銀行の役割は明快である。抵当を取り、人にお金を貸し与え、相応の利子を得る。この利子によって得られた利益は株主（預金者）に配分する。本書は入門書という性格から、「銀行」について一般的な内容紹介にとどまっているが、注目すべきなのは「やってはいけないこと＝禁物」に章の半分以上を費やしてあることである。

そこでは、「第一の禁物は投機の商売是なり。投機とは米なり、綿なりすべて商売品の価を察し、其の相場の景気を見て之を売り込み、又これを買い入れてその手数に不相当なる大利益を一時に占める工夫」と、先物取引を厳しく戒めている。先物取引は大利益を得る可能性があるが、失敗すると大損をすることもしばしばある。そして、こうした行為は、一度失敗すると再び取り戻そうとさらに失敗を繰り返し、世間の信用までも失うことになるというのだ。

福澤は投機に批判的であるものの、決して全面的に否定しているわけではない。人によって是々非々があることを認めている。だから、自分自身の責任でやるのであれば、損得いずれも自業自得だと述べている。ただし、銀行は決してこれを行うべきではないと主張する。銀行が持っているお金は他人から託された財産であるからだ。福澤は「銀行に限らず商社と唱えて人の金を借用し、又株金を募りて商売する者は最初よりその金主（貸し主）または社中（会社自体）に対して特別の約束にあるに非ざれば、決して空物の相庭（相場）に手を出すべからず」と、他人からお金を預かっているすべての事業主は投機に手を出してはいけないとしている。

福澤は銀行自身が商売工業に手を出すことも禁じている。利子を得るよりも、商工業に従事する方が多くの利益を得られるようなケースであっても、そこには必ずリスクが内在する。人々から財産を預かっている立場上、銀行は決して不要なリスクを取ることをせず、堅実に利益を得ていくことこそが銀行の商売であると述べている。

◆不測の事態に備える〝保険〟

もう一つ、福澤諭吉が紹介しているのが保険である。これについては、著書『西洋旅案内』で紹介されている「災難請合の事　インシュアランス」を引用することが多い〔前47〕。しかしここでは、引き続き『民間経済録』から紹介していこう。

福澤は、一人ひとりが経済蓄積を実現するために必要な要素として、倹約・正直・勉強の三つを挙げている。これらにより経済蓄積が実現できたとしても、老後になれば、また不測の災難に遭えば人はいつでも路頭に迷うことになると説く。「いつ起こるか」という点では不測の事態であるが、それは必ず起こることであると説明。こうした事態

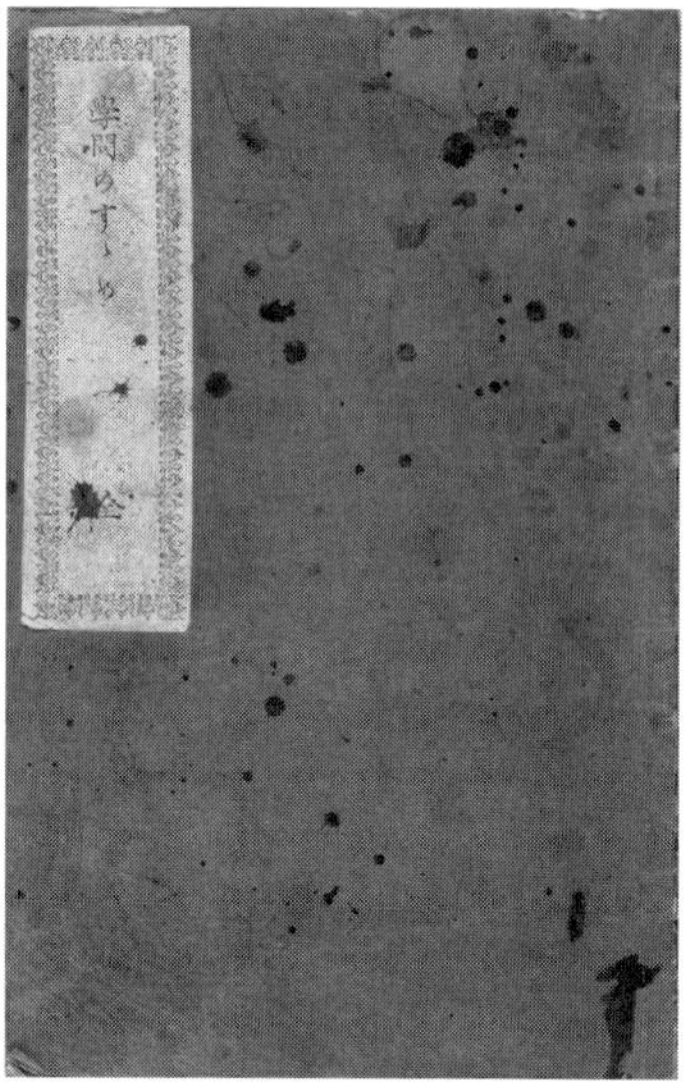

『学問のすゝめ　全』「初編」初版本の表紙
出所：慶應義塾福澤研究センター提供

を未然に防ぐ方法が保険であるとしている。「保険こそが経済で最も大切な事柄である」と記している。

すなわち保険とは、火災や凶作、死亡など人生の中でいつか起こるであろう災難を平均することで、個々人が多大な不幸に陥ることのないようにするものである。保険は様々な応用がきき、農家の収穫（飢饉）、家畜の育成、盗賊による災難、奉公人の不正――などのリスクで成り立つと紹介している。また、汽車に乗る時に「一銭だけを保険として払っておき、途中万一転覆して死亡することがあれば、一〇〇円得ることができる保険があれば、わずかな金額で遺族は生活に困窮しないだけの当面のお金を手にすることができる」と解説。こうした考えこそ、保険のあり方として重要だと述べている。

◆国民生活を支える金融

福澤は近代人として、各人が自立して経済活動を営む上で、金銭を貯え、蓄積する場としての銀行が不可欠な存在であると考えた。もちろん、銀行が殖産興業を資金面で支える組織であることはいうまでもなく、また為替などの業務を担うことで遠隔地取引を推進することも期待した。しかし福澤は、『民間経済録』の中では銀行のあるべき姿（銀行論）を述べるにとどめている。銀行は高額な利益を得ることを目的とせず、着実に利子をとることが基本であり、決してリスクをとるべきではないと述べた。安心安全で市民生活の経済活動を後方支援することこそが、銀行の役割の一つだと説いたのである。

保険についても「保険の法にして経済に最も大切なる箇条なり」と、その重要性を強調している。人々は真面目に営みをしていたとしても、不測の事故は起こりうる。事故が起きた時の人々を支えるシステムの構築が、必須であると考えた。

「一身独立」とは、一人ひとりが信じるべき道を一生懸命生きていくことである。福澤が述べた三つの戒め（倹約、正直、勉強）を遂行したとしても、時には失敗することもある。努力が報われないこともあるだろう。福澤にとって銀行と保険は、困難に立ち向かう彼らを支えるための重要な存在であったのである。

【参考文献】

小室正紀編著『近代日本と福澤諭吉』（慶應義塾大学出版会、二〇一三年）

3 大隈重信（一八三八―一九二二）

能力生かし時代の波に乗る

◆はじめに

江戸時代は情報が制限され、外国語といえば蘭語であった。これは開国前、欧米の中でオランダとだけ国交を結んでいたからである。新しいことを吸収するのに積極的だった大隈重信は若い時に英語を学んだ。維新当時、英語を話せる人は他にもいたが、英語ができる論客となるとライバルは皆無に等しかった。大隈は明治政府に重用され、何度となく国の危機を救った。そうして政府内における自身の足場を築いたのである。

◆英語を学ぶ

大隈重信は一八三八（天保九）年二月一六日に、佐賀藩鍋島家の家臣の子供に生まれた。一三歳の時に父を失う。藩校である弘道館の門をたたき、漢学、蘭学を学ぶ。ちょうどこの時期、日本は米国との間で日米和親条約を結んだ。日米修好通商条約の批准書交換のため使節護衛にあたった咸臨丸に、佐賀藩からも三人が乗船する。彼らは米国では蘭語は通用しない、これからの時代は英語が必要であると痛感して帰国する。この話を聞いて、大隈は佐賀藩が長崎に設立した致遠館で英語を学ぶ。とても有能だったことは、この時の教師フルベッキが大隈と副島種臣を挙げ、「私は二人の優秀な生徒をもった」と紹介していることからもわかるだろう。この才能が認められ、大隈は一八六八（明治元）年三月、政府から徴士参与職外国事務局判事に任じられ、長崎在勤を命じられることになる。

大隈の英語力が重用されたのは、外交問題の時である。明治政府は二つの大きな外交問題に直面していた。一つは耶蘇教徒処分問題であった。江戸時代、禁教だったキリスト教を隠れて続けていた人たちを弾圧したため、外国公使から抗議を受けたのである。そして、もう一つは贋金（がんきん、にせがね）処分問題であった。当時、贋金が横行しており、これをつかまされ損害を被った外国人たちが強く反発したのである。また、財政不足を補うために太政官札を濫発（らんぱつ）したことで貨幣の信用が低下していたことも極めて重要な問題であった〔1〕。木戸孝允は、「太政官（明治政府）において重要な財政がうまくいかず、今日の状態では日本も政府も会計にて潰されてしまう」と大村益次郎に嘆いている。これらの議論で諸外国に屈すれば、明治政府の威信は失われてしまう。明治政府にとって、踏ん張りどころであった。

大隈重信

出所：国立国会図書館ウェブサイト「近代日本人の肖像」

キリスト教弾圧問題は英国公使パークスとの談判だった。当時、大隈は外国事務局判事として長崎に在勤していたが、閏（うるう）四月三日、大阪本願寺別院において議論した。当時三一歳だった大隈に、パークスは「大隈などという地位の低い人物では話にならない」と述べたのに対し、「日本政府公認の人物である」と反論し席に着かせたという話が残されている。その後、大隈はキリスト教弾圧問題について内政干渉を主張し、政府の立場を譲ることなくパークスを説得した。

贋金処分問題では、高輪応接所で英国、フランス、米国、イタリア、プロイセンの五か国公使と交渉した。この時大隈は、参与兼外国官（現在の外務省）副知事だけでなく大蔵大輔に任じられていた。重要案件ということで大隈の他に明治政府の中心人物である三条実美、岩倉具視、寺島宗則、伊藤博文らが出席、何回かにわたる談判に及んだ。その結果は、贋金を禁止し悪貨を差し止める、被害を受けた外国人に対して贋金を引き換えるというものであった。この談判は大蔵大輔であり、具体的な対応策を英語で話ができる大隈の独壇場であった。結局、政府が引き換えに応じるために支出したのは六〇〇万両程度で済んだという。

二つの大きな対外的危機を脱し、大隈は明治政府のみならず諸外国からも信頼を得た。英語で議論できる論客であることが、自身の身を引き立てたのである。

◈由利財政への批判

由利財政の基本は興産紙幣にあり、太政官札を発行することで財政不足を解消し、殖産興業を期待するものであった。しかし、このことが社会の混乱を招いたことはすでに紹介したところである〔1〕。由利公正は「紙屑同様のものでも信用を得れば宜しい」と主張し、太政官札の発行や贋金問題について寛容な立場をとっていた。この考え方は決して間違いではない。現在、我々が使用している硬貨や紙幣もそれ自体は額面相応の価値は無い。金や銀との兌換もされず、日本銀行の信用で通用している。由利の発想はこれと同じであった。ただし、この時の問題は政府の信用が脆弱であったということである。

大隈はこの由利財政に真っ向から反論する。この時、大隈は外国官副知事であったが、外国官としての見解は「貨幣は日本の物にして日本の物に非ず」と、貨幣は万国に対し責任を持たなければならないということだった。さらに、由利財政では太政官札発行を旧来の藩札と同義に位置づけたことを挙げ、江戸時代においても藩札は藩内に限定されて使用され、国内で流通する貨幣は正貨（金貨、銀貨、銭貨）であり、幕府の管理のもとで掌握されていたと指摘する。海外との取引きで問題が生じなかったのは正貨によって交易がなされたためだと指摘した。紙幣のあり方についても由利は不換紙幣を肯定していたのに対し、いつでも金や銀に交換できる兌換紙幣であるべきとしたのである。

結果的には一八六九年三月、太政官札によって社会は混乱を来し、この責任を負う形で由利は退任、後任に大隈が会計官副知事に就任する。

大隈はすぐに太政官札の問題と贋金問題の対策を講じている。まずは太政官札問題である。就任直後の同年五月、太政官札は金札と呼ぶようにし、金札を正金に引き換えることを禁止した。さらに二日後には時価相場ではなく、金札一〇〇両を正金一〇〇両にしている〔前11〕。さらに金札の通用を一三年間にしていたのを、一八七二年限りで新紙幣と引き換えることにしたのである。

贋金問題に対しては、すでに同年二月の段階で東京、京都、大坂、横浜、兵庫、長崎に貨幣改所を設置し、通貨の検査を行うようにしていた。大隈はそれを引き継ぎ、五月に造幣局を設置し、新貨幣の鋳造を行った。さらに伊藤の意見を受け、一八七一年五月、新貨条例を布告する。貨幣一両（純金一・五グラム、量目四分）を一円として基準貨幣とし、一〇進法をとっている。金貨を本位貨幣とし、二〇円、一〇円、五円、二円、一円の五種類、銀貨は五〇銭、二〇銭、一〇銭、五銭の四種類、銅貨は一銭、半銭、一厘の三種類にし、金本位制を目指したのである。ただ、当時の貿易は銀貨が中心であったため金銀複本位制をとり、実際は銀本位制であった。

この時、通貨単位を「元」と称するべきとの意見が主流だったが、大隈は「円（圓）」に決めた。これまでほとんど四角だった貨幣の型を円型にしたのもこの時である。

◈積極的な財政政策

大隈は会計官副知事を務めた後、大蔵大輔に着任するとともに民部大輔を兼任した。財政を担う立場（大蔵省）と租税や土木を担う立場（民部省）を兼任したのである。歳入と歳出の両面を担当することで、伊藤や井上馨と共に灯台の建設、電信・鉄道の敷設など多くの事業を推進した。鉄道の敷設では「不急の事業である」とかなりの抵抗を受けたが、一八七二年には品川—横浜間の開通にこぎ着けた。しかし、こうした開化政策は増税を招き、地方からは「旧幕府にも無い税金」との批判を受け、民部大輔の兼務は解かれる。

一八七四年から翌年にかけて、日本は経済危機に陥った。華族・士族に対する秩禄処分が推進され、佐賀の乱、征台の役と多額の支出を強いられたためだ。さらに、有力商店であった小野組、島田組が倒産し、国内での金融が梗塞する。利益の見込める事業があり、そのためにお金を借りたい人がいても、貸してくれる人はおらず、貸せるお金もなかった。庶民も金を引き出し、いわゆるたんす預金にしてしまい、金貨が死蔵したのである。外国貿易では輸入超過だったため、多くの金貨・銀貨が海外へ流出したことも大きな問題であった。

一八七七年二月、西南戦争が勃発すると財政不足は決定的となり、政府は巨額の紙幣を発行することで急場をしのぐ道を選んだ。悪いと知りながらも、再び、紙幣発行によって急場をしのいだのである。

これを受けて同年八月、大隈は殖産興業を推進し、輸入を減らすことで貨幣の海外流出を防ぐよう建議書を提出した。具体的には次の内容を提案している。

① 輸入税を課す。輸入品に営業税を課し輸入を抑制する。
② 国産品を用いることを奨励する。
③ 鉱工業を始めとした産業を保護・育成する。具体的には、専売特許や商標保護などを通じて生産業者を保護するとともに資金の融通を図る。
④ 内国債を発行し官業の民間払い下げ、海運業の振興助成、港湾修築、外債の償却などに充てる。

一八八〇年になると、不換紙幣が大量に市場に流通したことにより紙幣の信用低下が見られるようになった。通貨の価値が下落し、物価が高騰している。三年前には一石あたり五円六一銭程度だったのが、一〇円四七銭になった。経済活動は活発に見えるが、実業を疎かにした投機が流行しており、実際の産業は不活発だった。

このため、市場に出回る政府紙幣を回収する必要があった。同年五月、大隈は外債五〇〇〇万円を募集し、資金に充てることを提案した。これについては「外債募集がなされるならば日本が滅亡する」という意見もあり猛反対を受けている。明治天皇からも「外債は望ましくない」との詔勅を受け挫折する。大隈は翌年、政変（明治十四年政変）

により明治政府から離れることになる〔前8〕。

◆早大の源流を創立

後年、大隈は立憲改進党を組織し再び政界へ復帰、外務大臣、総理大臣を歴任した。この間、一八八九年にはテロに遭い、爆弾を投げつけられ右脚を失う事態に見舞われている。原因は、外務大臣として条約改正交渉を行っていたことに対する批判であった。

民間でも活躍し、東京専門学校（早稲田大学の前身）を創立した。ユニークなところでは、白瀬中尉率いる南極探検隊の後援会会長に就任している。日本自動車倶楽部会長、帝国飛行協会会長などにも就いた。佐賀藩出身でありながら、藩閥にとらわれず独自の人脈を形成するなかで、最初に明治政府の信頼を得て、自己の地位を確立できたのは英語が話せる論客だったからである。この能力を発揮することで、激動の明治において様々な功績を残すことができたのである。

【参考文献】

渡辺幾治郎『大隈重信』（大隈重信刊行会、一九五二年）
落合功「由利財政と第一次大隈財政」『修道商学』四六（二）（二〇〇六年）
真辺将之『大隈重信』（中央公論新社、二〇一七年）

4

渋沢 栄一
（一八四〇―一九三一）

道徳と経済の一致を提唱

◆はじめに

官職を辞めて民間に下ることを「下野(げや)する」という。「野に下る」という意味には、言外に官が上で民を下とみる官尊民卑の思想がある。近代日本の黎明期、金ナシ・土地ナシ・物資ナシのなか、明治政府は官僚が日本の頭脳となることで近代化を推進した。近代日本が、極東にありながら良い意味でも悪い意味でも欧米列強と並ぶ地位に飛躍できたのは、この官僚制によるところが大きいといって良いだろう。そんななか、政府から民間の社会へ分け入り、民の立場から近代化を推進した人物が渋沢栄一だ。現在の一万円札の肖像になっている。

◆実業界のよろづ屋

渋沢栄一は、官尊民卑、官主導の社会に不満を持ち、実業家として民の立場から企業勃興を推進し近代化に突き進んだ。その特色は合本主義と呼ばれるもので、多くの人々から少額な出資を取り集めて企業を立ち上げる方法であった。この方法は当時、資本家が自身の資金で企業を立ち上げるのとは性格を異にする。個々人がわずかな資金であってもやりたい事業を実現できる方法であり、渋沢が関わった事業は、王子製紙、東京海上保険、東京製綱、東京瓦斯、三重紡績、帝国劇場など五〇〇社以上にも上る。自ら「実業界のよろづ屋」と呼んでいた。その後、商業会議所連合会の代表として、しばしば実業界の代表となり政府に対し意見を述べ、実現に向けて尽力している。米国との関係が悪化すると、民ならではの人形外交を行なった〔前55〕。その後、七七歳の喜寿をきっかけに実業界から引退すると、社会事業に余生を費やし、一九三一（昭和六）年一一月、死去する。多くの事業を手掛け、当時から「実業王」「財界の太陽」などといわれ、のちに「近代資本主義の父」とされたが、大蔵省から下野し民の立場になって初めて手掛けた仕事は、第一国立銀行の総監（頭取）であった。

◆大蔵省を辞任

渋沢は一八四〇（天保一一）年二月一三日、武蔵国榛沢郡血洗島村（現・埼玉県深谷市）の農家の家に生まれた。その後、江戸に出て学問と武術を学び、一橋家の家臣となる。当時の一橋家といえば、水戸藩主徳川斉昭の子で、後に十五代将軍になる徳川慶喜が一橋慶喜として相続していた。

一八六七（慶応三）年には慶喜の弟昭武がパリ万国博覧会に列席するのに随行し、フランスからヨーロッパ各地を回り、攘夷の思想はこの時に払拭した。また、フランスでは日本のように官尊民卑でなく、銀行家は軍人からも一目置かれている様子を見聞し、企業の株式組織など少額の資金を集めて事業を行う合本のシステムを学び、さらには皇帝が率先して国の産業を富ませる努力をしていることを知った。

渋沢栄一
出所：国立国会図書館ウェブサイト「近代日本人の肖像」

明治維新となり、渋沢は慶喜の静岡藩で活動するつもりであった。その矢先、維新政府から出頭命令を受け、民部省および大蔵省の大輔であった大隈重信と面談する。大隈は「新しい日本を作ろうとしているが暗中模索の状態である」と、新政府への参加を説得。こうして、渋沢は新政府に参画する。

当初、政府内部では旧幕臣であった渋沢を新政府に登用することに批判の声もあった。しかし、新政府における渋沢の仕事は公明正大で、旧幕府の俗習に惑わされることもないと、すこぶる好評であった。

渋沢は改正掛に配属され、貨幣制度、度量衡制度など、様々な施策に取り組んだが、大蔵大輔である井上馨のもとで廃藩置県の対応を行い、旧藩札の引き換えや、公債発行などを担当する。この時の繁忙さは尋常ではなく、不眠不休で働いたという。

大蔵省に出仕していた時期、渋沢は財政の統制が取れていないことを危惧(きぐ)していた。歳出入の統計表を作成し、各省経費の定額を設けて支出の抑制を提案した。この時陸軍省と海軍省の歳出額を定める議論があったが、渋沢は歳入額が定まらないうちに陸軍省や海軍省の定額を決め、他省の歳出額を定めるのでは混乱を招くと、『礼記』に出てくる「量入為出（入るを量りて出ずるを為す＝歳入に基づいて歳出を考える）」の原則を主張し譲らなかった。渋沢の主張に対し大蔵卿である大久保利通は最初不満だったが、最後は納得したという。その後、一八七三（明治六）年の予算を巡っては司法省や文部省が定額から増加するよう主張する。この時、大蔵卿の大久保は岩倉遣外使節団に同行しており、大蔵大輔である井上がその責を負っていた。井上は司法省の主張に抗いきれず、結果、辞職を表明し大蔵大輔を去ることとなった。この時、渋沢も退官する〔前6〕。

◈第一国立銀行の頭取として

その少し前、一八七二年一一月、国立銀行条例を布告した。国立銀行は米国のナショナルバンクを訳したものであり、国立博物館や国立病院とは性格を異にする。一八七六年八月の同条例改正を経て、北は北海道から南は沖縄まで、全国に一五三もの国立銀行が設立されたのである〔前42〕。ちなみに、「銀行」という名称はこの時に決まったが、当時の案では「金行(きんこう)」や「銀舗(ぎんほ)」などの案があったという。

渋沢は、国立銀行の中で最初に設立された第一国立銀行の頭取に着任した。同行は、国立銀行条例が公布される前の一八七二年、三井組、小野組の両組が中心となり設立許可願を提出した。両組は島田組と共に明治維新の時より、大蔵省為替方を務めており官金出納事務に携わっていた。資本金三〇〇万円（三〇〇株）のうち、二〇〇万円（二〇〇株）は三井組、小野組が負担し、残り一〇〇万円は公募した。ただ、公募分は四四万八〇〇円しか集まらなかった。

同行は、三井組が為替座として設立した海運橋兜町の建物を本店とし、大阪、神戸、横浜に支店を設置する。その後、同行を支えていた小野組が破綻（はたん）したほか、幾多の不況・恐慌があったが、これを乗り越えられたのは渋沢の指導のもと堅実な経営を続けたためである。この間、一八九六年に株式会社第一銀行となり普通銀行となった。渋沢は古稀の時に日本郵船や大日本麦酒などの多くの事業の役職から離れたが、第一銀行頭取は退いていない。辞任するのは七七歳の喜寿になり、財界との関係を一切断つ一九一六（大正五）年のことである。

第一国立銀行
1873（明治６）年８月に開業式を挙げた。
出所：国立国会図書館ウェブサイト「写真の中の明治・大正」

◆論語は銀行者必読の書

渋沢は銀行マンにとって論語は必読の書であるとし、第一銀行の行員にも論語を読むよう推奨している。もちろん、論語の内容をそのまま適用することは難しいが、銀行業の活動に置き換えて読むと、学ぶことが多いという。

例えば「学而時習之。不亦説乎。有朋自遠方来。不亦楽乎。人不知而不慍。不亦君子乎（学びて時に之を習う。亦説（またよろこば）しからずや。朋有り、遠方より来たる。亦楽しからずや。人知らずして慍（うら）みず、亦君子ならずや）」という言葉を引用しながら、銀行事業を学んで、それを日々練習することは、銀行員としては望ましいことである。また、取引きが広くなり友が遠方から訪ねてくるのも楽しいことであろうとし、銀行業に当てはまる内容であると述べている。論語を講義し学ぶことはもはや隔世の観があるが、さらに一考すれば、破綻（はたん）するような銀行でも論語に基づいた銀行経営をしていれば、「たとえ盛大には至らなくとも無難に持続するだろう」と述べている。

渋沢は自身の米寿を迎えるにあたって、現在は「自我の時代である」として、「道理正しい経済を進めることが必要である。この見地から、私は常に道徳経済の合一を高唱し、かつ、その実行を希望している。ただ、自分でもそれが理想通りには行われないのだから、世間の全ての人々がそれを実行するのは容易ではないと思っている。けれど、誰もこの自分の考えを悪いという人がいないということは、皆、その必要を認めているので、良いことには相違ないのだろう。この世界の人類がその域に達することを、常に願って止まない。このように道徳を伴って知恵が進めば、漸次、国家や社会の事情を第一に考えるようになり、いたづらに一個人が自己主張することは無くなるだろう」と述べている。さらに「明治維新以来、経済は著しく発展したが、精神面では見るべきものは無い。これは単に政治が悪いからというのではなく、人類全体が精神面の自覚が足りないからだ」と主張する。そして「現在の状況に道徳が伴えば、おのずと他人を陥れて己だけ利益を得ようとはせず、人類は一致して目覚めるに違いない」としている。このように、渋沢は経済と道徳を一致させた行動をとることが大切であるとした経済道徳合一論を主唱した。

◈経済にも道徳を

渋沢は実業界から引退すると、日本国際児童親善会会長、中央盲人福祉協会会長などを務め、社会公共事業に専心した。もちろん、それ以前からこうした事業に積極的で、東京養育院の整備・発展にも尽力している。他にも女子教育にも熱心で、東京女学館や日本女子大学校では校長に着任しており、多くの女学校を支援している。

そうしたなか、晩年強調していたのが経済活動と道徳行動の一致であった。これは当時の経済活動が道徳から逸脱している様子を示している。逆にいえば、このような経済道徳合一論を主張した渋沢が、明治維新の黎明期から、大正、昭和初期に至るまで実業界の重鎮として牽引し続けたことは日本にとって幸運だった。渋沢が息を引き取る頃、金輸出解禁で日本経済は混乱していた。また、柳条湖事件をきっかけに満州事変が始まっている。軍靴の音が聞こえ始めた時代である。

【参考文献】

翁頌徳会『渋沢栄一自叙伝』（一九三七年）
見城悌治『渋沢栄一──「道徳」と経済のあいだ』（日本経済評論社、二〇〇八年）
土屋喬雄『渋沢栄一』（吉川弘文館、一九八九年）

5　アラン・シャンド（一八四四―一九三〇）

銀行実務を伝えた英国紳士

◆はじめに

明治政府は近代化を推進し、多くの文化やシステムを西洋から吸収した。多くのことを学び自ら近代化に努めたが、日本人だけではうまくいかないことも多く、外国人を雇い、教えを請うた。彼らはお雇い外国人と呼ばれ、各界で多くの足跡を残した〔前40〕。銀行業の近代化に大きな足跡を残したのが英国人アレキサンダー・アラン・シャンド（Alexander Allan Shand）である。シャンドは、日本の銀行業の近代化に誠実に向き合い、教育し、指導した。日本の銀行業が第一歩を踏み出すことができたのは、シャンドのおかげといっても良いだろう。

◆お雇い外国人シャンド

シャンドは、一八四四（天保一四）年二月一一日に英国スコットランド・アバティーンで生まれた。一八六六（慶応二）年には、横浜の銀行（マーカンタイル銀行）におり、二二歳の時点ですでに横浜支店の支配人格であった。この時、後に大蔵大臣、総理大臣となる高橋是清はシャンドがいる銀行のボーイ（部屋の掃除や食事の給仕）をしていた〔13〕。一三歳の少年だったが、毎日のようにネズミを捕まえて、シャンドの「ビフテキ焼」で食べていた。これを二階から見たシャンドは「私の道具でネズミを焼くのはよしてください」と穏やかに語ったという。後年、是清はボーイのころのことを話そうとすると、シャンドはわざと話題を変え、また他の人がこのことを話題にしても「覚えていない」と述べたという。是清の少年時代を笑い話にしないシャンドは、真の意味で英国紳士であった。

一八七二（明治五）年六月、国立銀行条例が太政官に上呈された〔前42〕。これを受け、第一国立銀行の設立準備も整いつつあった。ところが大蔵官僚でさえ銀行業務の経営方法や監督方法について分からなかったし、ましてや銀行業務の実務を担える民間人はほとんどいなかった。そこで、近代的な銀行制度を導入するために、銀行業務を具体的に教えられる人材として、当時二八歳のシャンドに白羽の矢が立てられたのである。七月、大蔵省に三年契約で雇い入れられた。

シャンドの月給は、家屋付きで初年度は四五〇円、二年目、三年目は五〇〇円であった。この時期、創立された第一国立銀行総監役（頭取）の給料は三〇〇円であった。明治政府の最高職であった太政大臣（三条実美）の給料が八〇〇円、大蔵卿など大臣級が五〇〇円だった。ちなみに、お雇い外国人の中で最高額は造幣寮首長を務めた英国人キンドルで一〇四五ドルである。

アラン・シャンド
出所：土屋喬雄『シャンド―わが国銀行史上の教師―』（東洋経済新報社，1966年，扉より）

◆日本初の銀行簿記

シャンドの最初の仕事は、銀行簿記を紹介することだった。そこで叙述されたのが『銀行簿記精法』である。同書は、日本で初の銀行簿記の教科書といわれ、その後に設立された国立銀行に多大な影響を与えた。一八七三年ごろに完成した。同書は英米式の複式簿記を紹介したものである。シャンドは「銀行自体は万国同一のものであるので、普通の公益を計るものであれば、各銀行で使用する帳面もとりたてて異なる必要はない。よって、これから創立する銀行は政府が提示する申達書や銀行に備える諸帳面は米国の銀行条例の要件に基づくようにする。その方法を紹介する」と述べている。こうして、銀行会計の基礎がシャンドによって作られたのである。

本文中には、「銀行成規」という項が設けられており、銀行業者の訓戒が記されている。第一銀行の総監役（頭取）になった渋沢栄一は後日談で、英蘭銀行の重役だったギルバートという人物の以下の訓戒が印象に残っているとして紹介している〔4〕。

一、銀行業者は、丁寧にして然も遅滞なく事務を執ることに注意すべし。
二、銀行業者は、政治の有様を詳細に知って然も政治に立入るべからず。
三、銀行業者は、その貸し付けたる資金の使途を知る明識あるべし。
四、銀行業者は、貸し付けを謝絶して、しかも相手方をして憤激せしめざる親切と雅量とを持つべし。

渋沢は「いずれも凡庸な言葉であるけれども、良く考えると意味深長で言い得て妙」であると「尤(もっと)も実践すべき訓戒」と述べている。

次のシャンドの仕事は、この銀行簿記を伝えることだった。一八七三年六月に第一国立銀行が設立されるが、それに先立ち、シャンドは大蔵省の役人と第一国立銀行の行員たちに銀行簿記法を教授している。

『銀行簿記精法』の執筆を終え、第一国立銀行も設立して落ち着いた頃、シャンドは家族で箱根へ湯治に行っている。このころ愛児を病気で失い、本人も病気になってしまった。一〇月には休職を願い出て帰国する。再び、日本に戻ってくるのは一八七四年一〇月初めであった。

◆シャンドの活躍

シャンドは日本に戻ると四つの仕事をした。一つは、銀行マンの卵たちへの講義である。シャンドが日本に戻る前の一八七四年四月、紙幣寮は銀行課内に銀行学局を設け、簿記法や経済学などをはじめとした銀行業経営において必要な講義を行った。翌年には銀行学局を拡張し、官僚以外にも国立銀行の行員などからも受講生を募集した。その後、銀行学局は銀行学伝習所へと引き継がれ、一八七九年六月まで続き、延べ三五〇人近くがここで学んだという。渋沢は、自身をシャンドの第一の高弟だったと述べている。渋沢の次に第一銀行の頭取になった佐々木勇之助もシャンドから学んだ一人だが、「シャンドの事務室は印刷局の一部で、大名屋敷の長屋の二〜三室を板敷にした粗末なところだった。しかし、ストーブや粗末なデスクを置いて懸命に調べ物をしている姿に感動した」と述懐している。

二つ目は書物の執筆である。シャンドはこの時期、多くの書物を著している。銀行業のための入門書としての『銀行大意』や『日本国立銀行事務取扱方』がある。後者は大蔵省銀行課（銀行業の監督官庁）が発行した『銀行雑誌』に連載されたもので、国立銀行の経営について簿記以外の必要事項を紹介している。

三つ目は銀行行政への意見である。シャンドは国立銀行条例改正案に批判的であった。一八七二年一一月に国立銀行条例が布告されたが、設立されたのは四行のみで、なかなか各地で国立銀行設立の機運が広がらなかった。当時、秩禄処分が推進され、金禄公債証書の発行が予定され〔前41〕、大量に市中に貨幣があふれるおそれがあった。それを吸収すべく国立銀行の設立が急がれたのである。結果、一八七六年八月、不換紙幣としての国立銀行発行紙幣を認めた国立銀行条例の改正が行われた〔前42〕。

これに、シャンドは「ヨーロッパ諸国の中央銀行制度を模範にすべきである」とし、改正国立銀行条例を厳しく批判している。シャンドは銀行業のノウハウは米国に学ぶべきだが、通貨のことは学ぶべきではないという立場だった。「紙幣発行の権を一のみに限り、該銀行をして実に政府の代理たらしむ」と、国立銀行券の発行を批判し、中央銀行の設立を主張したのである。シャンドの主張は後日、日本銀行設立によって実を結ぶ。

また、日本商人による日本船舶での直輸出を展望し第一国立銀行の支店を上海に設け銀行営業を計画した時、シャンドは「第一国立銀行の目的は商業銀行（国内での金を預かり、貸し出しに回し、日本産業の発展に資する）なので、海外の為替取引は性質が異なる」と反対している。

四番目が銀行検査の実施だ。日本国内で銀行への立ち入り検査を初めて行ったのはシャンドであったといわれる。国立銀行条例の第十七条に、銀行検査の実施が明記されているが、それを具体的に実施したのである。

それまでは書面審査だけでよく、国立銀行は一年に四回以上、資産と負債状況の報告を紙幣頭へ提出すればよかった。この時期の銀行業務は十分でなく、帳簿も統一されず、審査はあいまいだった。一八七四年一一月に著名な豪商である小野組が破産するなか、第一国立銀行の大株主であった小野組の影響を含めて銀行検査の必要性が急浮上したのである。

この時の銀行検査は一週間にわたり行われた。「負債」「定期預金」「当座預金」を始めとして「小野組にあてた貸付」など、諸項目の検査を実施した。帳簿だけでなく、取引相手の性格（金額、商人なのか、輸入商か輸出商か）なども子細に質問している。そして質問に対し説明が明快だと「なるほど」と納得し、あいまいで不十分な説明だと小言を述べた。さらに検査は二か月に一度行われ、前回の説明とつじつまが合わないと、厳しく指摘した。

渋沢は銀行検査について、「シャンドは余程綿密で、悪く言えば干渉だった」とまで述懐している。ただ、こうした銀行検査について、「金融は性質を明確にし、どういう筋に出すかを必ず明確にしておく必要がある。銀行者は、ただ利息がとれる、元金が返ればよいというだけのものではない。貸した金の使途は、いかに得意先であっても知っておく必要がある」とし、「今考えると、大変な利益だった。なるほど、ああいう覚悟がなければ銀行者はいけない」と述べている。

◆英国でも日本愛をそのままに

シャンドは一八七六年一〇月までの契約期間を終えても、大蔵省からさらに一年間の契約延長を求められる。ただ、翌年二月に、「政府の改革」を理由に解職された。西南戦争が起きたため、戦費が必要となり、多くのお雇い外国人と同様に解職されたのである。シャンドの功労に対して褒賞金として金七〇〇円が与えられている。

その後、シャンドは英国に帰国し、パースバンクに勤める。日本は、横浜正金銀行（貿易決済などを主たる業務とした特殊銀行）を設立する際にシャンドを招聘しようとしている。この時、シャンドは来日を断っているが、それだけ日本政府からの信頼は厚かった。

高橋是清は一八九八年二月、外債募集の可能性を探りに英国に渡った時、シャンドを頼った〔前45〕〔13〕。この時、シャンドはパースバンクのロンドン支店の副支配人であった。是清は、外債募集の可能性や銀行業務について分からないことを箇条書きにして質問すると、シャンドはいつも親切に答えてくれたという。しかも、是清が仮事務所にしていた横浜正金銀行まで訪ねてきて説明したという。

さらに、一九〇四年の日露戦争時、再び是清が英国に渡った際にも、シャンドは親切に支援している。日露戦争は、外債を得ることで戦費に困ることなく、勝利につなげられたが、その背景にはシャンドの存在があったのである。その後もシャンドは渋沢や是清をはじめ井上準之助や米山梅吉などとも親しく交遊を続けた。シャンドは厳しいが、親切で丁寧で誠実だった。

一九三〇（昭和五）年四月一二日、シャンドは英国パークストンの自宅で静かに息を引き取る。八六歳であった。

【参考文献】

土屋喬雄「シャンドのわが国銀行経営史上の役割」『金融ジャーナル』一～一二月号、四－一～四－一二（一九六三年）

6 井上 馨（一八三五―一九一五）

緊縮財政の信念を貫く

◆はじめに

「井上財政」というと、井上馨よりも、むしろ井上準之助の方が著名である〔14〕。二人の井上は、いずれもデフレ政策を推進した。井上準之助の場合、金輸出解禁を準備するために緊縮財政を推進する。試験問題で「井上デフレといえば？」と問いかけるのは、井上準之助も井上馨も正解になる。デフレ政策は世間からは評判が悪い。井上準之助は、デフレ政策、金解禁政策の失敗で退任し、血盟団事件で殺害された。もう一人、デフレ政策として著名な松方正義のデフレ政策では、企業勃興を準備したとされるが、他方で、農村では貧困を招いたと評価されるところである。井上馨は、同じ緊縮財政を推進しながらも、比較的緩やかに収めている。

◆資本主義の形成支える

井上馨は長州藩出身（周防国湯田村、現・山口県山口市）で、若い時は聞多（もんた）と呼ばれた。幕末は高杉晋作や伊藤博文らと行動を共にし、江戸品川御殿山にある英国公使館の焼き討ちに参加する。第一次長州戦争における藩内抗争では椋梨派に襲撃され瀕死の重傷を負っている。

明治維新になると、大隈と行動を共にすることが多くなり、一八六九（明治二）年に大隈重信が大蔵大輔に任じられると、井上も造幣頭、続いて民部大丞兼大蔵大丞に任じられ、さらに翌年には大蔵少輔に任じられた。この時期は木戸孝允をはじめ、大隈、伊藤らと共に開化政策を推進する〔3〕。

廃藩置県後、大久保利通大蔵卿のもとで大蔵大輔となり、井上が実権を握るといわゆる井上財政を実行した。ところが、大久保が岩倉遣外使節団に同行すると、留守政府の中で井上（大蔵省）は孤立し、予算折衝を巡り他省との折り合いが悪くなり、最後は尾去沢鉱山の私有問題で司法卿江藤新平から糾弾され、大蔵大輔を辞任する〔4〕。西郷隆盛から「三井の番頭」などと揶揄（やゆ）されることもあったが、財閥の育成に力を注いだ。

その後、益田孝と共に先収会社（三井物産の前身といわれる）を設立するが、しばらくして政界に復帰する。日朝修好条規（江華島条約）では全権大使黒田清隆のもと、副使として参加する。さらに第一次伊藤博文内閣で外務大臣になると、鹿鳴館時代といわれる欧化政策を推進、条約改正交渉を進めた。その後も内務大臣、元老として明治政府の中核を担い続けた。

また、日本郵船会社や日本鉄道会社などの設立に尽力し、三井組の顧問となるなど、日本資本主義形成を政界から支えた人物として知られる。一九一五（大正四）年九月に死去する。

井上馨

出所：国立国会図書館ウェブサイト「近代日本人の肖像」

◆予算削減を目指す井上財政

井上は一八九八年の第三次伊藤内閣の時に約半年ほど大蔵大臣になるが、それよりも大久保大蔵卿のもとで大蔵大輔として活躍した時期を井上財政として評価されることが多い。この時期は、廃藩置県の直後であり、各藩で発行されていた藩札を明治政府が請け負うことになった。また、明治初年に発行された太政官札（金札）や民部省札も新たな貨幣へと変換する必要もあった〔1〕。しかし、それに対し政府の財源は確保されておらず、また地租改正などによる税制改革も必要だったが、準備は整っていなかった。結局は、新紙幣の発行で財政不足を補うというのが実態だったといえる。こうした経済状況のなか、井上財政は緊縮財政をとらざるを得なかった。大久保が岩倉遣外使節団の副使となり海外に行くと、井上は後ろ盾を失う形で、渋沢栄一らと共に大蔵省を担うことになる。

井上が行う緊縮財政に対し、各省からは不満が噴出した。一八七三年、陸軍省は大蔵省に対し、徴兵令施行と部隊編成拡張のため一〇〇〇万円を予算要求した。陸軍卿が同じ長州藩出身の山県有朋のため、大蔵省は八〇〇万円を承認した。他方、他省への査定は厳しかった。江藤新平が率いる司法省は司法の近代化予算として九〇万円を要求したのに対し、四五万円しか認めず、強い反発を受けた。この時江藤は予算削減に抗議して辞表を提出する。この辞表は受理されず、司法省の予算を増額する修正案が提出された。すると大蔵省はこれに反発、井上が辞表を提出している。辞表にあわせて、赤字財政を是正するためにも予算削減による財政健全を求める意見書を提出したが、受け入れられず、辞表は受理された。こうして、積極財政を推進する立場から大隈が大蔵省事務総裁に任じられている。

この時井上と共に下野したのが渋沢栄一であった〔4〕。その後、井上は政界に復帰するが、渋沢との関係は生涯続くことになる。

◆不況期に再び緊縮財政を行う

井上が大蔵大臣を務めるのは、第三次伊藤博文内閣の時、一八九八（明治三一）年であった。この時期は日清戦争後の景気に後押しされ経済が膨張した時期であった。一八九七（明治三〇）年、日清戦争の賠償金で念願の金本位制が実現し、さらに鉄道や紡績業などを中心に多くの企業が勃興した〔8〕。ところが、紡績業の原料である綿花の輸入が増大したため正貨が海外へと流出する。資金が不足したことで金融が逼迫（ひっぱく）し、金利は高騰した。日本銀行は金利を引き上げ、担保価格を時価の六割にまで引き下げている。このため、ますます金融が厳しくなった。織物仲買商の中には銀行の支払いが停止となり、取引きが困難になる者もあったという。

この時、井上は大蔵大臣として公債を日本銀行が買い入れ、市中への資金流通を図るとともに、軍備拡張の年限を延期することで経済規模の縮小を行っている。

さらに、三井集会所において経済懇話会を開催、松尾理財局長や目賀田主税局長といった官僚をはじめ、岩崎弥之助（三菱）、井上角五郎、大倉喜八郎、中上川彦次郎（三井）、田口卯吉、安田善次郎、渋沢栄一など経済界の重鎮を集めた。井上は自身の政策が世間では「縮小主義」や「消極主義」などと批判されているのを受け、過大に膨張した当時の官業や民業を整理する必要性を強調、経費の節減に理解を求めた。その上で、歳出を削減し、地租と酒税の増徴案を提出する。しかし地租増徴の提案は理解されず、一八九八年六月衆議院本会議で地租増徴法案が大差で否決（賛成二七、反対二四七）されてしまう。

この地租増徴問題が原因で、第三次伊藤内閣は総辞職に至るが、井上にとって財政整理は不可欠の信念だった。後日、「不要なるものは省き、必要なところに加えることで、国家の責務を果たすとともに国民経済の発展をもたらすようにする」と、民業を圧迫するような官業があれば民業に移し、各省の事務を整理しなければならないと指摘。財源は公債の募集や新租税の徴収などに求めるべきだと述べている。

◈熊本第九銀行の救済

日清戦争後の各地の銀行は、企業勃興の動きに応え積極的な融資を行った。このため、その後の不況に耐えきれず、資金の回収ができない銀行が続出する。一九〇〇年一二月熊本第九銀行は支払い停止となった。これに続いて熊本貯蓄銀行も支払い停止、熊本第一五一銀行、久留米第六一銀行も相次いで経営危機に陥った。こうして九州地方では手形流通が滞り、現金取引が中心となり、人々の間で預金の心配（信用不安）が増大し、取り付け騒ぎへと発展した。

この時、当時の熊本県知事・徳久恒範が救済支援を求めたのが井上であった。

井上は日本銀行が応急的対応で一時の鎮静を保っている間に、三井銀行の中上川彦次郎に相談した。しかし、中上川は「第九銀行の資本金は八〇万円なのに、損失高は一〇〇万円である。損失の償却が精いっぱいで、手元に残る資本金は皆無である。そう考えるとすでに絶命したのと同然だ」と回答し、救済に応じなかった。

井上は、こうした実情を認識しつつも、政治家として大局的見地から銀行の救済が必要だと考えていた。当時大蔵大臣であった松方正義と相談し、日本銀行と安田銀行を通じて救済を図った。具体的には担保のある債務において日本銀行に対するものは年四分、他のものは年五分の利息を付けて五年間据え置き償還する。そして、担保のない債務については、無利息で六年間据え置き償還するようにした。かくして熊本第九銀行は救済されたが、このような銀行の危機に際し、積極的に救済にあたったのはこの時だけではなかった。

日露戦争前夜の一九〇四年四月ごろ、本店を大阪に構え、関西・九州の一四か所に支店があった百三十銀行は経営危機に陥り、六月一七日には臨時休業に及んでいる。これを受け、井上は日露戦争の開戦直前の段階で経済界の挙国一致が破たんするとして、六〇〇万円を臨時で緊急支出する。利率年二分、五か年間据え置きとし、「五箇年賦償却」で日本銀行が貸し出した。この時の救済整理も安田善次郎に助けを求めた。金融界の混乱は鎮静化したが、議会では「一私立銀行のために多額の国庫金を使用するのは不当である」という批判が多かった。しかし井上は「国力を賭した大戦の真っ最中に経済界が攪乱（かくらん）しては国家の一大事」「国家の大事を座視しては居られぬ」と、頑として自身の信念を貫いている。

◆緊縮財政を貫く

現在においても財政政策は積極財政の方が世間の評判は良い。なぜなら、各省の希望が通り、雇用も増え、一時的だが景気が上向く要因になるからだ。しかし、財政規模には限界がある。歳入に基づき歳出を決めることなしに、政府が無制限に歳出額を決めることは、将来に禍根を残すことになる。なぜならば、借金は利子を支払う必要があり、何より消えるわけではないからだ。「量入為出（入るを量りて出ずるを為す）」という財政規律を守ることが肝要である。一八七三年五月、井上馨は大蔵省をやめ、下野するが、その後も政界に復帰し、長州閥の一員として元老となり、終生隠然たる地位を保ち続けた。しかし、権力に頼ることなく、国家予算の規律を守り、景気が悪化すると経済規模の圧縮を目指す緊縮財政を行った。逆にいえば、人気取りの必要は無かったからこそ緊縮財政に踏み切ることができたともいえるだろう。たとえ各省の恨みを買うことになっても、その姿勢は一貫していた。

他方、財界や実業界との関係を維持し、実業界の協力を得ながら、経済成長を政治の面から支援した。この点は銀行の救済に対する姿勢も同様だった。経済を担うのは政治ではなく実業界であるという立場を堅持し、政治は民の活躍を支えるという姿勢を貫いたのである。

【参考文献】

坂入長太郎著『日本財政史概説』（星雲社、一九八二年）
神山恒雄「井上財政から大隈財政への転換」高村直助編著『明治前期の日本経済』（日本経済評論社、二〇〇四年）
井上馨侯傳記編纂会『世外井上公傳4』（原書房、一九六八年）

7 五代 友厚（一八三五—一八八五）

国難に民の立場で応える

◆はじめに

明治政府は多くの難題を抱えていた。しかし、政府の立場としてやることには多くの限界がある。民の立場は規制もあるが、比較的行動は自由である。明治政府は贋金問題や金銀貨の不統一といった難題に直面するなか、五代友厚は政府から下野することで金銀分析所を設立し、民の立場から難題に応えようとした。政府や財界とのコネクションを活かしながら、五代はいかんなくその手腕を発揮したのである〔前39〕。

◆東の渋沢、西の五代

五代は一八三五（天保六）年一二月、薩摩藩の儒官の家に生まれた。藩校の造士館で学び、その後、郡方書役となっている。幕末には、長崎で御船奉行となり、英国商人トーマス・グラバーと共に上海に渡り汽船を購入した。

五代は一八六八（明治元）年正月、新政府に呼ばれて徴士参与・外国事務局判事に任じられ、大阪開港事務に携わる。その後、贋金問題が国際問題になると〔3〕、造幣機械の買い入れに関与した。そして、同年五月には大阪府権判事になっている。翌年五月には会計官権判事に任じられ、横浜に転勤するものの、わずか二か月余りで辞表を提出する。大阪の商工業振興が大事であると、実業に従事するためであった。

一八六九年一〇月、五代は金銀分析所を開設して金銀分析を行っている。その後、天和銅山（奈良県）、半田銅山

（福島県）など各地の鉱山を開発し鉱山経営を行った。また、一八七六年には製藍会社である朝陽館の設立や、堂島米商会所の設立を支援し、一八七八年八月には大阪株式取引所の開設に尽力する。

同八月には中野梧一、藤田伝三郎などと共に大阪商法会議所（大阪商工会議所の前身）を設立し、初代会頭になっている。一八八〇年には大阪商業講習所の開設、翌年には関西貿易会社を創設した。また、一八八四年には関西の船問屋を集めて大阪商船を開業している。こうしたことから、東の渋沢、西の五代とよばれた。このように、五代は一八八五年九月二五日に亡くなるまで、大阪を中心とした関西の商工業発展に尽力した。

◆贋金問題に立ち向かう

明治維新直後、贋金問題が大きな外交問題となっていた。維新政府の財政を担った由利公正の立場は興産紙幣であった〔1〕。財政不足のなか、太政官札の発行を積極的に推進することで経済規模の拡大を目指したのである。一八六八（慶応四）年四月、新政府はこれまでの金座、銀座、銭座を接収し、会計官の中に貨幣司を設置し貨幣鋳造の部局を設けている。ところが、当時、鋳造されていた貨幣は江戸幕府が鋳造していたものよりも粗悪であった。それに対し、由利は「紙屑同様のものでも信用を得れば宜しい」と、政府が信用を与えさえすれば、金や銀との兌換性が無くても良いという立場であった。

しかし、明治政府の信用は低かった。実際、贋金が横行し、多くの外国人商人が被害を受けたことで、海外から維新政府が強く批判されたのである。このため、木戸孝允は大村益次郎に対し「今日の状態では日本も政府も

五代友厚

出所：国立国会図書館ウェブサイト「近代日本人の肖像」

会計にて潰されてしまう」と、危機感をあらわにしている。外国官（現在の外務省）の立場は、「貨幣は日本のものではあるが日本だけのものではない」と主張している。外国官副知事だった大隈重信は「皇国之浮沈に関わる一大事」との覚悟で英国公使をはじめとした五か国公使との談判に応じている。政府は高輪応接所で談判におよび示談に持ち込んでいる〔3〕。

こうした事態のなか、由利も泰然としているわけにはいかなかった。実際、日本と欧米各国の貨幣を比較分析したところ、欧米諸国の貨幣に比較にならないほど日本の貨幣が品位、量目において不統一であることが判明した。このため、由利は外国事務局判事だった五代と寺島宗則に相談し、グラバーを通じて造幣機械の購入を計画した。幕末から五代がグラバーと付き合いを保っていたからこそ迅速な対応ができたのである。

ちょうど香港に英国の造幣局が設置した造幣機械があった。英国はアヘン戦争での勝利の後、清国と南京条約を結び香港を領有する。この時英国はメキシコドルではなく英国ドルを流通させることに決めた。英国は香港に造幣局を設置し、一八六六（慶応二）年から発行を開始していた。ところが、英国ドルは銀の純度が低く中国人に歓迎されず、あまり流通されず香港造幣局は閉鎖したのである。この造幣機械は金貨や銅貨などを造れず、もっぱら銀貨だけしか造れなかった。

これをリサイクルすることに決め、造幣機械に六万両、付属設備に二万五千両、計八万五千両で購入した。ロンドンで新たに造幣機械を製造し送るとしたら一年かかり、一〇万円（両）かかるとされていて、お買い得であった。

五代は、一八六九（明治二）年五月、外国事務局判事から会計官判事に任じられ、横浜在勤を命じられている。由利に代わり大隈が外国官副知事から会計官副知事に転任したため、これに合わせた転任命令であった。大阪では、五代を横浜に転任させず大阪に留任するよう願い出る運動が起きている。五代は横浜に転任するが、二か月も経たないうちに、政府に辞表を提出して退官する。理由は明らかではないが、横浜在勤中に大きな問題があったわけでもない。政府の中で活動するより大阪で実業をするという未知なる夢が捨てられなかったのであろう。

◈金銀分析所の開業

大阪に戻ると同一〇月には西成郡今宮町に金銀分析所を設立した。これは、幕府や諸藩が所有していた旧貨幣を全国から集めて、それを溶解して分析するものであった。金銀分析所の溶鑪釜（ようろがま）は全て新たに輸入された堅固で精美な錫製を用いていた。溶解し鋳つぶした金銀銅の量は一日あたり数千貫にも及んだという。

同時に、各藩で発行していた贋金も買収し鋳つぶしている。各藩の通貨を買いあさったのである。もちろん、それぞれの通貨には良貨も悪貨もあったが、五代は自身の冶金術によって分析し、政府の定めた純度にして地金銀を時価で納入した。また地金の払い下げも受けている。そして、政府から代金を受け取ると、それを資金にして再び各藩の通貨を買った。他の実業家たちもこの様子を見て真似ようとしたが、その時にはすでに買い尽くされた状態であった。また買い集めたとしても、冶金法が分からないため、事実上、五代の独占事業となっていた。この様子に世間は注目し、「御上（政府）の溶鑪釜でさえ鉄製なのに、五代さんの溶鑪釜は悉く（ことごと）上等の錫製である。しかも日に鋳つぶす金貨の価格は大蔵省の金高よりも多いそうだ。何と豪気なものだ」などと言われていたという。

莫大な富を得た五代のことを、大阪市民は「今紀文」と呼んだ。こうして藩の通貨は買い尽くすことができたが、それでも政府にとっては金銀の地金が足りなかった。そこで五代が次に目をつけたのが鉱山であった。全国各地の金山、銀山などの鉱石を分析し試験したのである。

◈鉱山を開発する

一六世紀後半から一七世紀初頭の豊臣秀吉から徳川家康の時代、日本はメキシコと並ぶ世界有数の金銀採掘国であった。しかし、江戸時代を通して日本全国の金山、銀山はほとんど掘り尽くされていた。

維新政府は鉱山資源に注目し、一八六九年までに、江戸幕府の直轄地である生野、佐渡の金銀山と南部藩営の小坂銅山の三鉱山を接収し、さらに全国的に休廃坑を含めた資源の再調査を進めている。民間の鉱山開発も認めた。開発者は鉱山で得られた金銀銅を精錬し鉱山司に提出しなければならず、鉱山司は定められた価格で買収している。このように税金を支払えば民間業者も自由に鉱山経営ができたのである。当初は税金として借区税（鉱山を政府から借りる税）と坑物税の二種類を課していたが、一八七五年一月には坑物税は廃止となり、借区税も安価なことから、民間による鉱山・炭坑の開発が積極的になった。この先駆者が五代であった。

五代の鉱山開発は一八七一年の天和山開発から始まり、多くの鉱山を開発、買収した。ちなみに、こうした鉱山の買収や借地願いなどに記載される名前は五代ではなく代理人の場合が多かった。ただ、実質は五代が行った事業と考えてよいだろう。

一八七五年に五代が提出した所有鉱山の明細書によれば、天和山（奈良県吉野郡和田村、銅）、栃尾山（奈良県吉野郡栃尾村、銅）、和気山（岡山県下備前国和気郡樫村、銅・銀）、蓬谷山（滋賀県愛知郡政所村、銀・鉛）、半田山（福島県下岩代国伊達郡半田村、銀・金）が記載されている。

一八七三年一月、五代は波江野休右衛門、堀孝之、久世義之助などと相談し、大阪に弘成館を建設している。これを拠点として、各地鉱山を調査、開発を行ったのである。弘成館は翌年七月には東京に出張所を設置し、五代が一時的に代表になりつつも、その後西弘成館（大阪）は波江野・堀が代表となり、また東弘成館（東京）は久世が代表となり一切を任せている。

五代の鉱山経営は、経営的に利益が上がったかといえば、必ずしもそうではなかった。ほとんどの鉱山は掘りつくされており、赤字経営の鉱山も多くあった。岡山県美作国の鏡山銅山は開坑して一月程度で閉山している。また、江戸時代から著名だった半田銀山は、当時の採掘法が雑だったため銀分が多く残されていたものの、払い下げ当初は赤字経営が続いたという。利益が上がった鉱山は天和山、和気山と半田山程度であった。一八八一年になると、五代は三井、住友、鴻池と共に大阪製銅会社を起こし、銅や真鍮の延板や銅線などを製造している。

◈実業の立場から

五代は薩摩藩出身であり、政界の有力人物とも強い人脈があった。また、英国商人グラバーとも密接な関係にあった。五代はこうした人脈を利用しつつ、民の立場から大阪の地で商工業発展に尽力したといえるだろう。このことが、東の渋沢栄一に対し、西の五代友厚と呼ばれるゆえんである。

贋金問題は維新政府の懸案の一つで、この問題を解決しなければ欧米列強からの信頼は得られないと考えられていた。この問題に、民の立場から解決に取り組んだのが五代である。資源不足に加え、粗悪で海外からの評価も最悪だった貨幣に金銀を安定的に供給した意味は大きい。

五代の事業は、必ずしも全てが順風満帆というわけではなかった。前述のように鉱山では赤字経営が多く、金銀分析所は相応の利益を上げたものの、製銅工場は松方デフレ期（一八八一～一八八四）には苦境に立たされている〔8〕。そんな中でも、五代は事業を継続した。金を稼ぐだけではなく、日本経済の将来のために「必要である」と考えていたのである。

【参考文献】

宮本又次『五代友厚伝』（有斐閣、一九八〇年）
日本経営史研究所編『五代友厚伝記資料　第三巻』（東洋経済新報社、一九七二年）
田付茉莉子「工業化のリーダーシップ―五代友厚」由比常彦責任編集『工業化と企業者活動』（日本経済新聞社、一九七六年）
田付茉莉子『五代友厚』（ミネルヴァ書房、二〇一八年）

8

松方 正義（一八三五―一九二四）

政策に信念と覚悟をもって

◆はじめに

松方正義は一八三五（天保六）年に薩摩藩士の四男として鹿児島城下に生まれ、一八六八（明治元）年から日田県知事に任じられた。一八七〇年に民部大丞となって以来、松方財政を取り仕切り、日本銀行創設に関わり、その後金本位制を実現するなど、中央政府で活躍する。近代日本の金融の基礎を固めた。

◆松方財政の主役

一八七四年に租税頭となった松方は地租改正事業に尽力。明治十四年政変により大隈重信が失脚すると〔3〕、大蔵卿に就任した。その後、第一次伊藤博文内閣において初代大蔵大臣に就任、以後、黒田清隆内閣、第一次山県有朋内閣、そして、自身が内閣総理大臣に就任した時にも兼務し一八九二年まで続けた。この間、紙幣償却を推進するとともに緊縮財政を基調とした松方デフレを実行、同時に中央銀行である日本銀行を設立した。一八八五年には兌換銀行券（銀兌換）を発行し紙幣の信用を高めている。さらに輸出を奨励して正貨吸収にも努めた。これらの一連の取り組みを松方財政と呼ぶ。

その後、松方は第二次伊藤内閣や第二次山県内閣でも大蔵大臣を務めた。ただ、第二次伊藤内閣の時には、日清戦後経営の早期審議の必要性を主張したが受け入れられずに辞任する。また、松方は二度にわたり首相を経験し、第二次松方内閣では大蔵大臣を兼務し、金本位制を実現した。大正期になると、政治に直接関与することは減り、内大臣として大正天皇を支えた。晩年は元老として発言権を行使し続け、一九二四（大正一三）年七月、九〇歳でこの世を去った。

◆明治十四年政変と松方正義の登場

明治維新における、大きな変化の一つが文明開化である。日本は欧米の新たな文明を吸収し、近代化を推進した。制度もそうだが、殖産興業を推進し、また鉄道、港湾、道路などの整備も行った。ただ、これらに伴う支出の増大は政府にとって喫緊の課題ともなっていた。また、このころは華族や士族に対するいわば退職金の問題も顕在化していた。いわゆる秩禄処分である〔前41〕。さらに、近代化そのものに士族は不満を持っており、西日本各地で士族の反乱も起きていた。

松方正義
出所：国立国会図書館ウェブサイト「近代日本人の肖像」

地租改正によって租税制度が確立すると、地租改正反対一揆も各地で頻発、一八七七年には地租を三％から二・五％へと軽減している。歳入額を軽減しながらも、歳出は膨張するため、何らかの形でその差分を補てんしなければならない。井上馨が大蔵大輔の時には緊縮財政をとったが、評判はすこぶる悪く〔6〕、ほとんどが積極財政に転換している。できるだけ支出を抑制する努力は行われていたものの、結局、それも西南戦争によって水泡に帰している。当時大蔵卿だった大隈重信は、巨額の戦費を調達するために不換紙幣の増発を行ったが、これにより紙幣の価値は下がり、物価の高騰を招いた。

その後、不換紙幣の償却を漸次行うものの十分ではなく、具体策を外債に求めている〔3〕。五千万円の外債を募集し、不換紙幣の処理に充てようとしたのである。これが実現すれば、自身の紙幣の大量増発の問題は一気に解決し、しかもこれまでの殖産興業政策も継続できる。また、市中に出回る貨幣量は維持されるので、インフレの理由を紙幣の増発に求めることなく肯定的にとらえられると考えたのである。

この大隈の外債発行の提案に対し、積極財政の継続を支持したのは薩摩藩参議の黒田、西郷従道、川村純義などで、また伊藤や井上は外債募集には反対しながらも、一千万円程度の外債はやむなしという立場であった。それに対し、松方（内務卿）や参議である山田顕義、山県は「外債亡国論」を唱える反対派だった。山県は、貿易赤字を解消するためにも積極的な産業育成策を支持していたが、「外債によって事態を救おうというのは、人参を用いて病気を治し、家産を失うことと同じだ」と外債導入には反対している。松方の反対論は、紙幣償却を実施し、兌換制度を実現することは大事だが、それを外債によって実現するのは危険であるというもので、少数派だった。

明治十四年政変は、大隈と大隈系官僚が失脚した事件で、このあと薩摩・長州の藩閥政治が推進されることになる。この時、大蔵卿には佐野常民のあとを受け伊藤が着任する予定だった。伊藤は外債募集については消極的であったが、積極財政を支持しており、松方のような紙幣償却を推進する立場ではなかった。しかし、伊藤は参事院議長に任じられたため、松方が大蔵卿に任じられることになったのである。大蔵卿の拝命にあたっては、一言辞退の意を表明した上で再度の命令で引き受けるのが慣例であったが、松方は拝命を受けると辞退することなく引き受けた。

◆松方財政の開始

松方が大蔵卿として登場したのは一八八一年一〇月のことである〔前44〕。松方が目指した財政政策は二つあった。一つは「銀と円の差を是正すること」、つまり紙幣を兌換銀行券にすることであった。銀貨一円に対する紙幣の年平均相場は、一八七七年には一円三銭だったが、年を追うごとに一円一〇銭、一円二一銭、一円四八銭、一円七〇銭とその差は歴然として乖離していった。紙幣償却を推進し、この差を是正することで、日本の紙幣（通貨）の信用を得ようとしたのである。

二つ目は中央銀行としての日本銀行の設立である。日本銀行が設立される前、国内各地に国立銀行が設立されており〔前42〕、紙幣の発行も認められていた。この紙幣発行権を日本銀行のみに吸収し、唯一の発券機関にする必要があったのである。

この時期、松方は「人々から信用を得ようとするのであれば、財政はひたすら正直でなければならない。つまり、人民に対し不安を持たせず、政府を信じさせる必要がある。奇策を用いることは決して良くない。今日の紙幣の下落は財政に対する人々の不信によるものである。これは不正直だからである。元々、紙幣は紙であり、紙をもって通貨とするのは不正直そのものである。紙幣を正金に引き換えるようにしなければ、到底、正直と言えない」と述べている。当時の日本は意図的なインフレを期待する風潮が蔓延していた。「正業」よりも「投機」を優先するような行動がなされていたのである。松方は、こうした行動は「国家に信用が無いからであり、引き換え準備金を蓄え、兌換性を持たせるようにし、紙幣の信用を持たせることが肝要である」と述べている。

松方は政策遂行にあたり、これから起こるべき事態を予測していた。当時、松方の示した財政政策の方向性に対し理解を示す人は少なかった。伊藤は公債発行を提案するが、松方は「上策ではない」と拒否している。松方は、大蔵省幹部に対して「自分の確信のあるところで紙幣整理を決行する。世間の議論など決して省みない」と決意を表明した。明治天皇の「松方大蔵卿の方針通りに断行するように」という聖断を受け、「一死報国の決心で紙幣整理の大事業を断行する」と腹を括った。

◈松方財政の推進

紙幣整理は増税と経費節減を中心に行われた。もちろん、当時のコレラの流行や水害などで必ずしもうまくいったとはいえないが、緊縮財政が採られている。一八八二年以降、売薬印紙税、醤油税、菓子税などの新税を導入し、さらには酒造税、煙草税の税則を改正し増徴を行っている。こうして得た歳入分は紙幣整理と紙幣兌換分の正貨買い入れに充てられた。

紙幣整理の断行とともに、恒久的に金融を安定させるために行ったのが日本銀行の設立である。松方は日本銀行を創設するにあたり、当時の金融状況について「金融が常に渋滞しており、資本が不足し金利が高騰する。このため民間の企業も貸借が滞る。しかも輸入超過となり金銀貨が流出する。結果、銀貨と紙幣の差が大きくなり、通貨の役割を果たさない。このため企業は資金が欠乏し、事業が滞る」と説明している。このため日本銀行を設立し、①各地で認めていた国立銀行券などの発行を禁止し日本銀行券に統一する、②日本銀行を全国各銀行の中核に据え、日本銀行と国立銀行との関係を本支店の関係とし、資金の循環を図る、③国庫出納を行う、④外国手形割引を利用して正貨の集散を調整する——ことなどを目指した。かくして、日本銀行が設立されたのである。

◆不況を乗り越えて

松方デフレ政策は、諸物価の急激な下落を招いた。増税に加えて財政引き締めである。予想通り、一八八二年とその翌年は不景気となった。米価低落は農村を直撃し、地租が支払えずに小作化が進んだ。商工業は停滞し、営業を中止する銀行も増大した。伊藤や井上は人心が委縮しないかと憂慮し、陸奥宗光は「大変だ。この政策を緩和しなければ」と叫んだという。

一八八二年からの三年間は、松方にとって我慢の時期であった。世間は不況であったが、この間に紙幣整理と正貨準備は着実に実行されていた。一八八四年には、紙幣も銀貨一円あたり一円九銭にまで下がり、落ち着きを見せてきた。これを受けて、一八八六年一月に紙幣兌換を始めたのである。

◆財政政治家に求められるもの

一八九五年、第二次伊藤内閣のもとで大蔵大臣を務めていた松方は、日清戦争で得た賠償金を金にしておき、兌換準備金の基礎に充てている。松方は金本位制の実現を目指したのである。ただ、伊藤博文、井上馨、福澤諭吉、安田善次郎など多くの人々は金本位制に反対した。松方は、国際社会で経済活動をするためには金本位制であることは必須であるとし、譲らなかった。かくして一八九七年三月、貨幣法が公布され金本位制が成立した。

松方は健全な財政こそが経済発展を推進する重要な要素だと考えていた。増税やデフレ政策は人心を委縮させ、経済活動を鈍らせる。このため、政治家がデフレを政策として打ち出すのは難しい。むしろ各省庁の意見を聞き、通貨を増発することで経済成長を促した方が、世間から賞賛を得やすいだろう。これに対し、松方は政治家としてそれは「不正直」「奇策」であると批判した。人々も「投機」に走ることなく、真面目に「正業」を全うできる社会こそが望ましいと考えたのである。

確固たるビジョンを持った松方は、世間のみならず政界からも批判されたが、ひるむことなく政策を実行し、近代日本経済の基礎を固めたのである。その果実は、日本の通貨が信用を得たことでその後の企業勃興、産業革命によって花開くことになったのである。

【参考文献】

藤村通『松方正義』（日経新書、一九六六年）
室山義正『松方財政研究』（ミネルヴァ書房、二〇〇四年）
室山義正『松方正義』（ミネルヴァ書房、二〇〇五年）
三和良一・原朗編『近現代日本経済史要覧　補訂版』（東京大学出版会、二〇一〇年）

9
三野村 利左衛門（一八二一―一八七七）
三井を支えた大番頭

◆はじめに

近世前期に呉服商から始まった三井は、両替商も営み豪商へと成長した。近代以降、三井財閥を築くことになる豪商三井は、幕末期から明治初期にかけて、経営は苦境に陥っていた。しかし「人の三井」といわれるように、現在に至るまで有能な人材が三井を支えた。益田孝と三野村利左衛門。この二人が明治初期の三井を支えた大番頭である。益田は三井物産の設立に、三野村は三井銀行の設立に尽力した。三野村が三井の使用人として雇われたのは四六歳の時である。丁稚・小僧のころから雇い育てる三井にとっては異例の採用であった。傾きかけた三井を支え、三井財閥の基礎を築いたのは、この中途採用された男だったのである。

◆幕臣小栗上野介の人脈をたどる

三野村利左衛門は、一八二一（文政四）年一一月一〇日、出羽庄内藩の家臣の家に生まれた。生まれるとすぐ、親は出奔し浪人となる。諸国を放浪した後、三野村は神田三河町の紀伊国屋とよばれる商人の婿養子になった。十年間ほど働き独立すると、小さな両替商を営んだ。三野村は幕末期に幕府の勘定方で辣腕をふるっていた小栗上野介（忠順）のもとで奉公したことがあり、その後も小栗の屋敷に出入りしていた〔前35〕。このことが縁で、一八六〇（万延元）年の貨幣改鋳の情報を事前に知り、天保小判を買い占め、大もうけをしたといわれる。この時買い集めた天保小判を三井両替店へ売り込んだことをきっかけに三井との関係を持った。

この時期、三井の経営は悪化の一途をたどり、幕府からの預り金を使い込んでいた。幕府から預り金の即時回収を命じられた三井は窮地に追い込まれ、この弱みを握った幕府からは度重なる御用金を要求されていた。こうしたなか、三井は幕府の小栗上野介との関係が密であった三野村を雇い入れたのである。幕府の勘定所貸付金御用を引き受ける窓口として三井御用所を設置し、そこに三野村を配置した。当時、三野村は美野川利八と名乗っていたが、利八の「八」の字は三井家の当主・八郎兵衛、八郎右衛門など多くが使っていたため、遠慮し三野村利左衛門と改名したといわれる。

明治維新になると、明治政府の御用は三井組御用所が引き受けた。幕末までは幕府の御用金に苦しみ、明治維新になると明治政府の御用金に四苦八苦する。ただ、そうはいうものの、この切り替えの速さが三井が潰れずに済んだ理由といわれている。時機を的確につかみ、その窓口で対応したのが三野村であった。

三野村利左衛門
出所：国立国会図書館ウェブサイト「近代日本人の肖像」

◆新たな時代に新たな組織で

三井にとって三野村の最大の功績は、伝統ある三井を新たな組織へと改革を断行したことであった。事業の伝統を守ることは老舗としてのブランドを維持し続けることであり、それ自体は重要だ。しかし伝統は、新たな一歩を踏み出す時足かせになる。このため二つの改革を行った。

一つは、京都にあった大元方（本店）を東京に移すことであった。明治維新となり、東京遷都が推進されたことで、政治経済の中心は東京へと移った。特に政府との関係強化を目指した三井にとって、経営の重要案件の許可を得るのに京都との間を往復するのは大きな負担だった。地券の書き換えの時に当主であった三井八郎右衛門の印鑑を必要としたのだが京都から持ち出すことを拒まれ、三野村ら一部の人たちで印鑑を作製し急場をしのいだという。

一八七二（明治五）年一月には東京に大元方を新設することを決めた。当初は京都（西京）も大元方として存続したが、その後、出張所扱いになっていく。同じ時期、伝統ある三井呉服店は、本店という名称から呉服店と改称し、さらに三井の「三」と越後屋の「越」を合わせて三越と名乗り独立させた。

もう一つは、三井家の会社から自立した会社へと移行することであった。三井銀行を設立した際、三野村は三井銀行と三井家の同族の人たちとの間で「盟約書」を取り交わしている。そこには「三井銀行の資本は株主一同のものであって、三井氏一族のものにあらず、また旧三井組大元方の資財は三井一族の共有物にあらず」と、三井一族の地位を明記したのである。つまり、三井一族は大株主ではあったが、決して会社は彼ら自身の私有物ではないことを宣言したのである。

実は、この「盟約書」が作成される三年前の一八七三年四月、三野村は「主人を始め重役たちの旧風を除き」「精勤している者は下男であっても引き上げ」「因循（古い習慣や方法などに従うばかりで、それを一向に改めようとしないこと）のものは執事であっても暇を出す」ことなどを主張し、辞表を提出している。三野村は自身の覚悟を示して訴えたのである。翌日には首脳部の人たちから辞表を翻意させる申し出がなされ、事なきを得ているが、これをきっかけに組織改革が大きく前進する。その後、明治政府の重鎮である井上馨の後押しもあり、三井一族から委任状を取り付け、三野村は大元方総轄となる。そうして三井銀行設立を機に「盟約書」が作成されるに至ったのである。

新たな事業を推進するのであれば、その事業を任されるので、自身の才覚によって取り組むことができる。組織改革はこれまで利益を得ていた人を追いやることもあり、自身だけの才覚では難しいところがある。こうした点を辞表という自身の覚悟を示し、さらに仲間や時の政治家（井上）などの支援を得ることで組織改革を前進させたのである。

◆誰からも好かれた人柄

組織改革をやりきった背景には、三野村自身の人柄があったことを忘れてはならない。三野村は無学無筆であった。しかし、要領を得るのが上手で、人懐っこい性格であったといわれる。三井の同僚で三井物産の創設に尽力した益田は、三野村のことを「凡そはすぐに理解して要領は得られるが、細かいことは分からない。そうして商売が大好きな人であった」「技量もあり人格も大きく、何ごとも頓着しない人物で、ある目的を貫くことには非常に手腕がある人であった」と評している。

律義で情にも厚かった。幕府の中心人物で世話になった小栗上野介が江戸を去り知行所のある上野国権田村に帰村する際には、三野村は千両箱を送り亡命を勧めたという話も残されている。小栗が処刑された後、三野村は終生彼の妻と子の面倒を見たという〔前35〕。

三野村は、普段の服装は小倉の袴に冷飯草履、紺足袋をはき、汚い木綿の紋付羽織を着ていた。そして、この格好で大隈邸を始めとして各家を回っていたという。大隈重信の家を訪問した時には書生たちと冗談を言い合い、何時まで話をしていても誰も咎める人がいなかったという。

一八七二年九月一二日、新橋―横浜の鉄道開業式に際し、新橋の会場で明治天皇の行幸があり、その前で三野村が東京市民を代表して祝文を読むことがあった。この時、三野村は何度か祝文を覚えようとしたが諦めた。振り仮名をふるのも面倒になってやめた。果たして当日、天皇の前で祝文を手にして大きな声で読みきった。会社に戻ると三野村は「天皇の前に立つと辺りが真っ暗となり分からなくなった」といい、「弁慶をやった。安宅をやったんだ」と述べたという。源義経と共に東北へ落ちのびようとした時、弁慶は安宅関で何も書かれていない巻紙を勧進帳と言い張り読むふりをして乗り切った話がある。度胸のある話である。そのあと、三野村は「利害の無いことは、万事このようなやり方でよい。しかし利害に関係あることは決してこのようなことはしてはいけない。注意するように」と、語ったという。

　また、三野村は普段から、「繁雑を省いて簡潔にせよ。用事はすぐに連絡し、重複を面倒くさがるな。年上年下を論じ礼節にかかわるな。贅沢をするな。衣服を飾るな。目上の人だとしても、自分に理があるとしたら屈するな。業を捨ててまで礼をするな。時機を失うな。日常的に『断』の一字を守れ」これらを守っていれば、決して過ちは無いと訓戒している。

◆最初の私立銀行、三井銀行の創設

明治政府は、全国に普通銀行設立を目指し、一八七二年に国立銀行条例を発布し設立を推進する〔前42〕。第一国立銀行は、三井組と小野組が共同出資し設立した最初の国立銀行である。以来、一八七六年に国立銀行条例改正を経て、一八七九年までに全国各地に一五三もの国立銀行を設立する。しかし、三井は第一国立銀行とは別に独自の私立銀行創設を目指していた。

　一八七四年五月六日、三野村が担当していた三井組御用所を為換バンク三井組と改称し開業する。さらに翌年七月に三井銀行創設の出願がなされ、その後、何度かやりとりを経た上で、一八七六年五月に三井銀行の設立の指令を受けた。「指令を受けた」というのは、当時、国は国立銀行以外に銀行の名称を使うことを認めていなかった。よって、官許ではない形で営業を認めたのである。かくして三井銀行は、日本史上初の私立銀行として営業が行われることになった。三井銀行の主たる業務は官金出納、為替、荷為替、貸し付け、預り金、両替、地金銀売買などがあったが、その主たる業務は官金出納であった。御用金の窓口を主たる業務としていた三井組御用所の業務を引き継いだものといえるだろう。かくして、同年七月一日に最初の私立銀行である三井銀行が開業した。

　利左衛門は三井物産会社創設にも尽力する。井上が大蔵大輔を退任した後、開業した千歳社（千秋社、のちの先収会社）を引き継いだ。この時、三井に入社するよう益田を説得している。この益田こそ、三井を財閥にまで引き上げた人物である。その後、三井銀行との事業を分離させ、三井組国産方を三井物産会社に合併した。自身も監督役に就任することが決まり、創設にまでこぎつけた。しかし、三野村は三井物産会社の監督役には着任していない。

三井銀行の開業式は一八七六年七月一日のことである。この晴れの日を三野村は式典会場で迎えることはなかった。七月四日の東京日日新聞には、「…副長三野村利左衛門が株主の方に向って開業の祝辞を朗読し…」と報じているが、実際には三野村は祝辞を朗読していない。三野村は持病の胃がんのため療養中だったのである。

一八七七年二月二一日、三野村利左衛門は静かに息を引き取った。享年五七歳。三井に捧げた密度の濃い一二年間であった。

三井は多くの人材を輩出した。三井にとって、時代が求める改革を成し遂げる人材がいたことが最大の幸運であった。三野村利左衛門が実行力だけでなく人徳を兼ね備えていたため、三井は明治初期の難問を乗り越えられたといえるだろう。多くの人々が利左衛門を支え、そして三野村には「三野村利左衛門がやることなら」と納得させる人柄を兼ね備えていたのである。

【参考文献】

三井文庫編『三井事業史　本篇　第二巻』（一九八〇年）
三野村清一郎編『三野村利左衛門伝』（三野村合名会社、一九八七年）
森田貴子『三野村利左衛門と益田孝』（山川出版社、二〇一一年）

10

岩崎　弥太郎
（一八三四―一八八五）

金融システムを海運業に利用

◆はじめに

戦前の三菱といえば、政商であり、財閥として知られる。しかし第二次世界大戦後は、ＧＨＱによる財閥解体の指示で大きな影響を受けた。三菱財閥が軍事にどれだけ関与したかは別として、初代の岩崎弥太郎、弟・弥之助（二代目、一八五一―一九〇八）、長男・久弥（三代目、一八六五―一九五五）そして、弥之助の長男・小弥太（四代目、一八七九―一九四五）へと引き継がれながら、岩崎一族が築き上げた三菱財閥は、わずか七〇年程度で世界を震撼させる巨大財閥へと成長したのである。

◆岩崎家の系譜

岩崎弥太郎は一八三四（天保五）年一二月一一日に土佐国安芸郡井の口村（現・高知県安芸市）で生まれた。一八六七（慶応三）年三月、土佐藩の長崎出張所に勤務する。長崎における土佐藩の貿易は岩崎弥太郎によって担われたといってよい。

一八七二（明治五）年になると、新商社としての三ツ川商会を設立する。翌年には三菱商会と社名を変えるが、本社を東京に移すと、三菱蒸気船会社と改称した。この海運会社は、同年の台湾出兵や一八七七年の西南戦争に際し、軍事輸送などの任務を果たすことで政府の信頼を得ることになる。

三菱蒸気船会社は、その後、郵便汽船三菱会社として国内最大の汽船会社へと成長した。ところが、明治十四年政変で大隈重信が失脚すると〔3〕、大隈を金銭面で支えていたとして政府からにらまれる。政府は渋沢栄一などが設立した共同運輸会社を支援して郵便汽船三菱会社と対抗させた。両社の競争は激烈をきわめた。弥太郎は一八八五年二月七日、五〇歳で死去した。共倒れを危惧した政府が調停に入り、両社を合併させ日本郵船会社を設立した。

弥太郎の遺志は弥之助へと引き継がれた。一八八七年には官営長崎造船所が払い下げられ、三菱長崎造船所となった。一八九〇年には、丸の内と神田の土地一〇万坪余りを買い取っている。さらに一八九四年には三菱社を三菱合資会社に改組し、社長を久弥へと引き継いだ。

久弥は三菱合資会社に鉱山、炭坑、造船、銀行、地所（不動産）などの各部を配置し、事業を推進した。特に、長崎造船所を拡張し、神戸・下関両造船所を新設した。さらに神戸製紙、麒麟麦酒、旭硝子などを設立する。そして、一九一六（大正五）年に弥之助の長男小弥太が就任する。小弥太は、事業ごとに分社化を図り、三菱造船（一九一七年）、三菱商事（一九一八年）、三菱鉱業（一九一八年）、三菱銀行（一九一九年）、三菱信託（一九二七年）、三菱石油（一九三一年）、三菱地所（一九三七年）などを設立させた。

岩崎弥太郎
出所：国立国会図書館ウェブサイト「近代日本人の肖像」

三菱銀行設立にあたっては、全五〇万株のうち、岩崎久弥が二〇万株、岩崎小弥太が一〇万株、三菱合資会社一八万株、残りは三菱系会社・幹部が握り、株式公開していない。三菱銀行は三菱造船、三菱鉱業と共に三大会社の一つとして数えられている。ロンドンやニューヨークなど主要都市に海外店舗を設置し、国内への支店は少ないことが特徴である。

戦後、ＧＨＱ（連合国軍最高司令官総司令部）は「日本の財閥は日本の近代史の全体にわたって金融、産業、商業のみならず、政府までも支配した人々からなる、家族としても会社組織としても固く結束した比較的小さい集団である。彼らは日本における最大の戦争潜在力である。あらゆる日本の征服と侵略とを可能ならしめたのは彼らであった。（中略）財閥が解体されぬ限り日本人が自由人として自らを統治しうる望みはほとんどなく、財閥が存続している限り日本は財閥の日本であろう」と、財閥解体を強力に推進する。小弥太は戦後の財閥解体の嵐のなか、一九四五（昭和二〇）年一二月、失意の中で亡くなった。

◆海運業を始める

初代、岩崎弥太郎が始めた事業は海運業であった。一八七二年、弥太郎は三ツ川商会を設立し、藩から払い下げられた船を利用し海運業を始めた。さらに、翌年三月に三菱商会へと社名を変更し、拠点を大阪から東京へ移転した。さらに翌年四月には三菱蒸汽船会社へと名称を変更する。この時期、大阪—東京、神戸—高知、神戸—博多の三航路を開設し、高知、神戸、京都、東京、横浜に支所、出張所を開設している。しかし経営の実態は厳しい状態にあった。船が港に到着して得られたお金が無ければ、次の船を出港させることもできないほどであった。そんななか、巨大なライバル会社があった。帝国郵便蒸気船会社である。これは政府が肝煎りで設立した会社であった。ところが台湾出兵に際し、帝国郵便蒸気船会社が乗り気でないなか、三菱商会が軍事輸送を引き受けた。このことが功を奏し、三菱商会への評価は高まることになる。

当時の権力者である大久保利通は岩倉遣外使節団の副使として各国を回ったおり、日本と同じ島国である英国が工業隆盛を誇っている背景には海運業があったことに注目した。このため日本も海運業を強化する必要を感じていた。一八七五年八月、大久保は、官主導で設立した帝国郵便蒸気船会社は「官への依存が大きく自立心が低い。際立った成果もない」と批判し、それに対して「三菱会社は自立心が高く、しかも自家の財力で起業している」と高く評価した。こうして、三菱会社は政商となった。つまり、私企業でありながらも多額の資金助成を受けることとなり、公業としての事業を担うことにしたのである。郵便汽船三菱会社と名称を変更し、上海定期航路をはじめとして、政府所有の一三隻の汽船や帝国郵便蒸気船会社から取り上げた船が下げ渡され、さらに運航費として二五万円の助成金を受けている。

以後、西南戦争の軍事輸送でも活躍し、政府からさらなる信用を得ることとなる。かくして、日本の海運業における地位を確固たるものにしていった。

◈海運業から三菱為替店が派生

三菱会社は私企業でありながら政府からの海運を請け負い政商となることで、多大な利益を得た。しかし、その反面「郵便汽船三菱会社は他の事業を経営してはならぬ」と、兼業が禁止されたため、他の事業に手を出すことができなかった。このため、弥太郎は様々な商機を逃している。例えば海上保険会社設立をもっとも早く申請したのは弥太郎であった。船は難破事故などリスクが多く、しかも一度事故に遭うと、損害も尽大になるからである。一八七六年のことである。しかし、当時の大蔵卿大隈重信は海運会社が保険業を兼営することは妥当でないとし、申請を却下した。結局、一八七九年に華族組合の発起によって、東京海上保険会社の設立がなされ、初めての海上保険会社が設立されている。この時、弥太郎は同社の設立に賛同し、資本金の六分の一にあたる一一万円を出資し筆頭株主になっている。

弥太郎は以前から銀行業にも注目していた。一八七八年、高知銀行が大阪の西長堀にある岩崎邸の借用を希望した時、弥太郎は「自分自身も大阪に銀行を創設する腹づもりだ。その際にこの長堀邸が必要になる」と述べて断わっている。なぜ、銀行業設立に至らなかったかは定かでないが、やはり兼業禁止の問題が大きな障壁となったのではなかろうか。

そんななか、一八八〇年四月に、三菱為替店を設立した。これが三菱銀行の前身だとされている。三菱為替店の設立の趣旨は「各地方における貨物の運輸を盛んにし、支援する目的にあり、荷為替貸付金を扱う」としている。三菱為替店は郵便汽船三菱会社の海運業に付随する荷為替金融の機関として設立したのである。こうして兼業禁止の取り決めに違反しない形で営業が始まった。

ちなみに、それに先立つ一八七六年には、社内に為替局という一課を大阪に設け荷為替業務を行っていた。これは、英国の汽船会社との競争のなかで、サービスの向上を意図して設置したものである。この時の為替局規則には「荷為替の事業はもともとわが社の本務ではない。しかし、海運で往復する地方において金融が滞るところがある。そのため、土地物産を移出することが不十分な所では、わが社の船に搭載する確実な物品を抵当とし、荷為替金の借用を望む場合、貨主の利便性を鑑み、貸し渡すようにする」と記している。この時の荷為替業務は、他社との競争のために行われたものだが、荷主の評判が良かったため、一八七九年には大阪だけでなく全国各地の支社でも取り扱うようにしている。そして、一部局的なものから三菱為替店として独立した。

荷為替のほかに、通常為替、預金、貸付金、倉庫を営業費目としていた。預金は定期、当座、並の三種で一口五〇円以上、原則として無利息。貸付金は公債その他の抵当物件がある場合、短期貸し付けを行っている。さらに倉庫営業では商品保管、貸倉庫、運送業務の三種を取り扱った。商品保管では、倉庫証券を発行し、これを担保に貸し付けた。また転売する場合は譲渡できるようにしている。

三菱為替店は東京京橋の霊岸島に本店を設置する。支店業務は三菱汽船の各地支店が取り扱った。元締役は第十五国立銀行副支配人だった肥田昭作を招聘した。また、三菱為替店は海上保険が付いている場合、荷為替貸し付けは抵当品の現在相場の八掛け（元値の80％）とし、利息は土地それぞれの金融事情に応じて定めている。為替店は銀行が進出した東京や阪神地方よりも、北海道、東北、山陰、北陸地方などで活発だった。物産の振興や出荷に有益で、しかも生産者への資金の貸し付けから、仲買業者への荷為替金融、倉庫保管、船積み、海上輸送が一貫して行われ、一般の金融業者よりも利息が安かったため、生産者、荷主から喜ばれたという。北海道の〆粕（魚肥の一種）の出荷量は一千石程度だったが、低利資金の貸し付けで五千石にまで増えている。倉庫施設も充実したため、大量輸送、保管が円滑となり、中央と地方の物資流通を促進した。このように三菱為替店を設立し、サービスを手厚くすることで、海運の顧客を増やしたのである。ところが、その後、松方デフレにより商品担保の荷為替貸し付けがリスクを生じるようになった〔8〕〔前44〕。さらに郵便汽船三菱会社も共同運輸会社との競争にさらされるなか、事業の撤退を余儀なくされた。

◆岩崎弥太郎の事業

弥太郎の事業は三菱財閥の基礎固めの段階であったといえるだろう。海運業により資金力を高め、次なる事業への雌伏の時であった。銀行業といえば、預金と融資を考えるが、三菱銀行の前身といわれる三菱為替店は、荷為替を基本に海運業を金融面で支える業務がメインであった。海上保険についても同様で、自身で起業できない場合でも、積極的に株式参加を行い事業への支援を行っている。

弥太郎は事業を行う心構えとして、以下のように語っている。「自信は成事の秘訣であるが、空想は敗事の源泉である。故に事業は必成を期し、得るものを選び、いったん始めたならば百難にたわまず（屈することなく）、勇往邁進して、必ずこれを大成しなければならぬ」。事業を始めるまでは慎重に、始めたのであれば成し遂げるまで徹底的に行う。これこそが、強い三菱の源泉なのかもしれない。

【参考文献】

武田晴人『岩崎弥太郎』（ミネルヴァ書房、二〇一一年）
岩崎家伝記刊行会編纂『岩崎弥太郎伝（下）（復刊）』（東京大学出版会、一九七九年）
E・ボーレー「日本の賠償についての報告」、J・B・コーヘン著、大内兵衛訳『戦時戦後の日本経済（下巻）』（岩波書店、一九五一年）

11

安田善次郎（一八三八―一九二一）

誤解を恐れぬ銀行王

◆はじめに

安田財閥は、戦前では三菱、三井、住友と並ぶ四大財閥の一つに数えられた。商社や産業には目もくれず、金融業（銀行・保険業）を中心とした金融財閥を形成。多くの銀行を吸収・合併し、創業者であった安田善次郎は銀行王と呼ばれた。安田善次郎の死後二年が経過した一九二三（大正一二）年、安田系の銀行が合併し安田銀行が設立されたが、その規模は二二〇の支店・出張所を有する日本最大の銀行であった。

◆批判されるも匿名で寄付

安田善次郎は一九二一年九月二八日、大磯町（神奈川県）の別荘で、右翼のテロリストに殺害された。歴史を振り返れば暗殺された人は数知れずいるが、財界人で暗殺された人はこの時までほとんどいない。暗殺直後に掲載された（九月三〇日）東京朝日新聞の「安田翁の凶変」と題した社説の副題にも「富豪は自覚せよ」と記載され、暗殺されたことに同情しながらも、「己（おのれ）は社会の一員たり、己（おのれ）の金は社会の金の一部であることを自覚して、自ら薄くして本来の社会に厚くする意味でなければならない。自から奉ずることが薄いことが、自ら貯えるのを厚くする手段としたら、全く没意義となってしまう」と銀行家であった安田を厳しく批判している。

安田は金の前には義理人情を考えなかったという。銀行は「雨が降ると傘を貸さない」と世間から揶揄（やゆ）される。安田はその典型的な人物だったといえるのかもしれない。

安田の寄付嫌いは有名だった。しばしば周囲の人たちに「寄付は結局、人を誤らせる。自分の血と汗をもって事をなすという仕事でなければものにならない」「人を救うなら一生食えるようにしてやるべきで、一時逃れの金はかえってあだになる」と語っていたという。殺害されたのも、寄付金の依頼を拒絶したことが理由とされている。

一九一一（明治四四）年に政府が主導で済生会という社会福祉団体を設立した。この財団の基金は、明治天皇の皇后である昭憲皇太后をはじめとして、民間の富豪から寄付金を募った。この時、内々に「百万円を寄付すれば爵位を与える」という話もあったが、安田は三〇万円しか寄付しなかった。結局、森村市左衛門や大倉喜八郎などが男爵の地位が与えられるなか、「安田善次郎は金銭を見ること爵位より尊し」と世間で評された。しかし、爵位を得るよりも百万円を事業資金にする方が大事と考え、風評よりも自分の主義を貫いた。

晩年、安田は有名な東京大学の安田講堂を始めとして日比谷公会堂など、多くの土地や建物を寄付し、さらに慈善事業などへの寄付金も惜しまなかった。ただ、こうした活動が世間に知られるのは、彼の死後のことであった。生前、安田は陰徳をモットーとしており、寄付は匿名で行っていたのである。

安田善次郎
出所：国立国会図書館ウェブサイト「近代日本人の肖像」

◆太政官札で大もうけ

安田は一八三八（天保九）年一〇月九日、富山の城下町の下級武士の子供として生まれた。寺子屋に通いながら、花売りをし、野菜の行商もした。江戸に出たのは二〇歳の時で、二六歳の時、わずか五両を元手に両替屋を始めた。両替屋といっても小さな露店で、主な仕事はニセ金の判定であった。露店の両替屋はそれまで無く、人々の注目を浴び繁盛した。

そんな時、幕府が新しい貨幣改鋳のため、古金貨の買い入れを両替商に命じた。ところが、盗賊の金品強奪が横行していたため、身の危険を理由に誰もが辞退した。このとき安田のもとにも相談が来た。安田はこれを引き受け、三〇〇〇〜四〇〇〇両ほどもうけたという。ちなみに、金貨をしまう場所が知られるとすぐに盗賊に襲撃されるので、家の裏のゴミ溜めの中に入れておき、翌日早朝に取り出して店まで運んだという。

安田は、明治初年の太政官札発行時にさらに大もうけしている。太政官札は政府紙幣として発行したものの信用が得られず下落、物を売る時にも「従来の金銀貨（正貨）ならばいくら」「太政官札ならばいくら」と二つの相場が立っていた。発行して一年ごろには、太政官札百両に対して正貨は三八両でしかなかったという〔1〕。

こうしたなか、一八六九年五月、明治政府は太政官札を安く評価した者は厳罰に処すとし、密告者には賞金を与えると布告した。明治政府は強引に「太政官札一〇〇両は正貨一〇〇両」としたのである〔3〕。実は、安田はこの情報を前日に知り、できるだけ多くの太政官札を買い集めていた。そして、翌日、予定通り布告が出され、太政官札の価値は前日の三倍となったのである。かくして安田は莫大な利益を得ることができ、翌年正月の資産は一万四〇〇〇両を超えたという。

その後、安田は官公庁の出納を担当する為替方となった。これは、大蔵省から各省へ与える経費を預かる組織だが、大金を無利子で預かることができた。この為替方の対象を各省だけでなく、裁判所や栃木県などの自治体にまで広げることで、預金額を膨らませた。

日本銀行が設立されると、安田も理事の一人になった。設立により、各省への出納は日本銀行が担うことになり、為替方の利権は失われたが、安田は公益を優先させ気に留めていなかった。むしろ、日本銀行には支店がなかったため、各地の国立銀行や私立銀行に日本銀行の代理店を設けている。こうした日銀業務の代行を担った地方銀行は、地元で信用を高め有力行へと成長した。安田は、こうした銀行を自身の傘下に入れ、巨大な安田系銀行を編成する。

◆厳しくも優しい一面

国立銀行条例が布告されると、第三国立銀行を設立した。自身の安田商店も一八八〇年に安田銀行とした。両行は、明治初期に創業した銀行だが、店先に暖簾を下げ、お客を入りやすくした。行員の言葉遣いや物腰に気を付け、親切丁寧を旨とした。この点が、他行と異なる点で、多くの預金者を集めることに成功した。

時期は異なるが、安田は行員を集め以下の訓話を述べている。

「来店の顧客に接する時には、男女貴賤の別なく、事の大小軽重を問わず、誠心誠意、親切にもてなせば、顧客も喜び店に集まり、商売も繁昌する。しかし、おごり高ぶり、愛想なく横柄に振る舞えば、新たに来ようとする顧客は逃げ出し、それまでの顧客も減少し、家業は必ず衰退する。諸君（行員たち）は日々多くの顧客に接するため、多忙に紛れ、知らないうちに、応対が疎略になることもあるだろうが、もっての外のことである。顧客は他の店もあるのに、わざわざ来店してくれるのに、無下に扱われたら、その人の心情はどうだろう。喜怒の感情、愛憎の念、これらの多くはちょっとしたことで発せられるものである」。

また社員の採用に対しては、独特の考えを持っていた。高い俸給を払って優秀な人材を集めて仕事に従事させる必要性を認めていない。とにかく無駄なお金を省き（一身一家の冗費を省き）、贅沢をしない（贅費を節する）という主義のもと、勤倹力行を励むことが大事と述べている。世間で「人物を見る眼がない」とか、「少しの俸給で多くの仕事をさせる」などと噂をされても全く頓着していない。なぜなら、自分自身も普通の人々の二倍も三倍も働いてきたからである。

部下に優しい一面もあった。山中清兵衛という人物が出張から戻り、一刻も早く安田に報告しようと家を訪問した時のことである。安田も山中の労をねぎらうべく食事を用意したが、夕食の膳が別々だったのを見て、安田は「取り膳にしてくれると良かった」と言ったという。取り膳とは、一つの膳で食事するもので、親しい同輩でなければありえないことである。山中はこの気遣いに感激したという。

こんな話も残されている。秘書と共に地方に出張した時のことである。とある茶屋で一服休憩した。そこの茶屋での支払いは五銭だった。そのあと二里（八キロ）ほど歩いて、同じような茶屋に入ったところ支払いは一〇銭だった。宿屋に到着した時、なぜ同じような茶屋にもかかわらず、支払う金額を別にしたのか秘書が安田に聞いたところ、「初めの茶屋は出がらしの茶を出した。それに対して、二番目の茶屋では新しい茶に入れ替えて出していた」と述べたという。この時、秘書は人々の行動を子細に観察している安田に感銘したという。肩書きや表面ではない、人物本位であるとする人柄が分かるエピソードだ。

◆「期日の回収は当然」

銀行業における安田のスタンスは、一つに強引に金を貸し付けないことであった。それは、苦労して積み上げられた大切なお金を、銀行は預かっているのだから、その利益を保護するという重大な責任を果たすべきだという考えからであった。そのためにも貸し付ける方にも厳重な規則と周到な注意を払うべきとした。

銀行者として貸し付けた金は期日に必ず回収するのは当然であり、借りたものも約束期限を厳守するのは相互の義務だと述べている。同じ指摘だが、「事の大小に関わらず、その性質の如何（いかん）を論ぜず、いったん約束した以上は必ずそれを履行し、若し相手が之（これ）を怠る場合には、こちらは毫（ごう）も仮借せず権利を厳守すべきは、我々が個人として生存し、公人として社会を組織せる上に於ける根本的主義である」と述べている。こうした考えが、「安田善次郎は冷徹、無慈悲」だといわれる点だが、逆にいえば、預金者への配慮を含めて、銀行家としての安田自身の強い意志がうかがえる。

また、「銀行とは一個人の金融機関であると同時に、一国の産業の発展を助ける機関である」とも述べている。だから、官吏や軍人や学者などのように直接生産事業に関わらない人には絶対に貸さず、信用が確実な実業家に対しては、できる限り便宜と援助を惜しまない。安田財閥は、ほぼ金融業に特化しながら、産業育成に目を向けた資金融通を積極的に行った。株式投資には消極的で、事業は事業家に任せている。

企業を見る要件は四つあると指摘する。第一に事業が公共の利益になり、万人に便益を与え、しかも社会の進歩を助けるものなのかといった、事業の性質について。第二に利益がある事業か、第三に周囲の経済状態が良好か、そして最後にその事業にあたる人物が誠実か――を挙げている。特に人物が適切ならば、万難を凌いで多くは成功すると述べている。事業の成否は人物次第ということだ。

◆自身の主義を貫いて

世間の様々な批判を受けても、安田は「私の主義である」と、全く動じなかった。安田が行った度重なる合併について「救済の美名のもとに私利を営み他人の悲境に乗じて自分の拡張をする」と世間から批判されても、全く意に介さなかった。「新たに創立するよりは古きを修繕する方が少ない資本でかえって発展が早い。故に必ずしも自身で好むわけではないが、先方の依頼を受ければ強いてこれを避けようとしないのも当然のこと」と述べている。

安田が殺害されたのは八四歳の時である。「五十、六十は鼻たれ小僧、男盛りは八十、九十」と述べた安田にとって無念の最期であった。

【参考文献】

安田善次郎『意志の力』（実業之日本社、一九一六年）
河野重吉「安田善次郎」『四人の財界人』（ダイヤモンド社、一九五六年）

12
岡田良一郎
（一八三九―一九一五）

相互扶助金融の理念を現実に

◆はじめに

岡田良一郎は、日本最初の信用組合の指導者として知られる。一八三九（天保一〇）年一〇月、遠江国佐野郡倉真村（現・静岡県掛川市）の庄屋（岡田佐平治）の家に長男として生まれた。一八五四（安政元）年九月、一六歳の時に二宮尊徳の門に入り、一八五九（安政六）年に帰郷した。尊徳はその三年前に病没しているので、晩年の弟子だった。

◆地元の名望家であり、報徳思想の推進者

幕末期、岡田は倉真村の村役人を務め、明治維新後も戸長などを務めている。近代になると、士族授産を目的にして浜松掛川に産業所を設置する。さらに女子教育のために浜松に女工場を設置した。他にも勧業推進の拠点とする掛川農学社や、同所に製糸場を設立したものの、松方デフレの影響を受けて失敗する。また、紡績会社の設立を計画している。

また、県会議員となり、さらには静岡県第四区から衆議院議員に選出された。一方で報徳思想を推進し、父佐平治の後を継ぎ遠江報徳社の社長に選ばれ、一八八五年には浜松と見附の二か所に報徳館を設置した。この遠江報徳社は、一九一一年には大日本報徳社に改称している。

一八七九年には掛川資産金貸付所を設立し、浜松県庁にある余剰資金を集め、水利・土木費用の補助に充てた。一

八八五年には掛川銀行頭取に選出されている。また、一八九二年一〇月、初めての信用組合、掛川信用組合（現・島田掛川信用金庫）を設立、初代理事長に就任した。一九一五（大正四）年一月に亡くなる。

◆二宮尊徳と岡田良一郎

二宮尊徳は一七八七（天明七）年、相模国足柄上郡栢山村（現・神奈川県小田原市）で生まれた。名前は「たかのり」と呼ぶが、通称金次郎で知られる。農村を復興させたことで著名だが、その地域復興のキーワードが尊徳仕法（報徳仕法）であった。これは、勤労・倹約を基調としながら、各自にふさわしい支出の限度を定め（分度）、将来に備えて収入の一部を譲ること（推譲）であった。例えば、村の年貢高においても、実収高と勘案して現実的でないと考えた場合、年貢の引き下げを認めさせる。支払えない年貢高を農民に要求しても、やる気をなくさせるだけである。支払い可能なレベルまで年貢高を引き下げて農民のやる気を起こさせることで、農村復興を果たしたのである。そして、余剰の収穫があった場合、収入をその後の農村復興基金に譲渡するよう求めたのである（推譲）〔前32〕。

岡田良一郎
出所：島田掛川信用金庫提供

尊徳の思想には、良一郎だけでなくその父佐平治が傾倒していた。一八四八（嘉永元）年、佐平治は牛岡組報徳社を設立すると、報徳思想に傾倒した遠江国内の人々を組織している。その人数は三二か村、四百人にも及んだ。佐平治はその中でも中心的な人物であり、推譲金は全体の積立金の半額を負担したという。また、一八三四（天保五）年から一八五三（嘉永六）年までの生産高を平均し、分度を設定している。その上で一八五四（嘉永七）年以降、余財の米五〇俵を毎年六〇年間上納することにし、さらに報恩として金一〇〇両を献納している。これは岡田家報徳金といわれ、掛川領内の窮民への救済や荒地開墾の資金に充てられた。こうした報徳思想を学習し、実践していた父佐平治の勧めもあり、岡田は尊徳（尊徳塾）の門を叩くことになったのである。

尊徳塾入門当時、岡田は、聖人の書物を読み学ぶことこそが学問修業の唯一の道であると考えていた。経国済民（国家を経営し民を救うこと）はその学問研究の結果だと考えた。ところが、尊徳塾では読書は余業であり、実践こそが学問だった。この点、岡田は違和感を持ちつつも、尊徳塾の優秀な弟子たちが聖人の言葉を口ずさみながら、日光神領の廻村や開発の測量、道路や橋の整備、日記や書類の筆写、出納などに全力を傾けている様子を見て、一緒に活動した。もちろん、時間を見つけては読書をした。尊徳はこうした岡田のことを「遠州の小僧」と呼んで可愛がったという。

◈勤倹と推譲

報徳思想を引き継ぐ立場として岡田の思想の基本は勤倹と分度・推譲にあった。岡田は、一九〇〇年の演説では、「勤倹貯蓄は人間の本務である。その本務を成し遂げる。これが報徳の道である。よって、諸君に報徳の道を説くのは、勤倹貯蓄を奨励することにある。ただし、報徳の道では、貯蓄とはいわず推譲という」と述べている。そして、こうした勤倹貯蓄という行為は、衣食が不足しているから勤倹を行ったり、飢饉などの災難が起こることを危惧して（自分のために）貯蓄するのではなく、人間としての常の道（心がけ）と説いている。

勤倹の考え方もユニークである。岡田の考える「勤」とは、ただ真面目に仕事をすることではなく、空いている時間（余暇）を休息せずに仕事に精励することを「真正の勤」であると述べている。「倹」は倹約することではなく、本来得る作徳や労働時間に対して余分に得たもののことだとしている。このように岡田の勤倹とは、一般に考えられた勤労・倹約ではなく、一歩踏み込んだものだった。

それでは、何故貯蓄とはいわずに推譲というのだろうか。「蓄えるという行為は自身が将来消費することを目的としたものである。それに対し、推譲は今日得たものは明日に譲るものであり、今年得たものは翌年に譲り、一生で蓄えたものは子孫や他人に譲るようにする。これは、報徳の道では重要な点である」と述べている。

岡田は、有志者から得られた寄付を報徳土台金、積み立てた貯蓄金のことを報徳善種金と称した。善種金とは、善の種をまけば善が生えて善の花が咲く。この善の実法を待つという例えである。そして、規約を遵守し結社の年限を定め、その期間中は引き出せないようにした。不自由であったとしても我慢して質素を守るようにした。だから推譲である。貯蓄の場合は、金銭が必要な時の蓄えなので、いつでも自由に引き出せる。便利だが増えないという。

当時、銀行や郵便局の利息は月あたり〇・五％程度で、借入金の利子は同一・五％から二％である。それに対し信用組合の場合、積み立ての利息は高く、貸し付けの利息は低かった。このように、信用組合がほかの金融機関と比べて積立利息は高く、貸付利息が低く済む理由は、地域での信用関係ができているからだと述べている。

◈信用組合運動

幕末期、農村復興資金として積み立てられた岡田家報徳金は、近代以降、掛川藩から浜松県へと引き継がれた。こうした篤志家などによる積立金を一緒にし、半官半民で設立したのが資産金貸付所であった。一八七三年一二月に設立され、非常のための予備金、貧民救済、殖産事業に充てることを目的とした。翌年には大蔵卿の指示を受け、県の監督のもとで銀行類似会社として民営化されている。

一八七九年三月、良一郎は佐野郡と城東郡の郡長に就任する。両郡の産業発達を目的に、勧業資金積立の組合を主導した。組合の加入方法と貸付方法を定めて静岡県に申請し、一一月に認可を受けている。具体的には一口年一円とし、一〇か年積み立てた。一千口程度、積立金は一万一千円程度が集まった。目標の二万円に及ばなかったものの、これで道路や橋の工事費、土地開墾費、工業振興、農学研究、河川改修、用水整備などインフラ関係を中心に融資がなされ、地方産業の発展に寄与している。これが資産金貸附所掛川分社である。

他方、当時の国内情勢は産業革命を推進しており、一八八九年から翌年にかけて初めての恐慌を経験した。一八九〇年には銀行条例が公布され、各地にあった国立銀行、私立銀行、銀行類似会社などを整理する方向が示された。このため、資産金貸附所掛川分社は普通銀行へ改組しなければならなかった。最終的に、資産銀行掛川支店となり、現在の静岡銀行に合併している。この時、勧業資金などの処分が課題となった。一八九二年の資産金貸附所掛川分社の総会で、信用組合の資金に積み立てたのである。

一八九一年一〇月、松方正義内閣のもと、内務大臣品川弥二郎が信用組合法案を貴族院に提出した。品川は、「信用組合法案は中産以下の人民のために金融の便を開き、低利に資本を使用できるようにし、勤倹、自助の精神を興し地方の実力を蓄えること」と説明し、理解を求めている。しかし、農商務省からの強い反発があり、一八九一年の衆議院解散に伴い信用組合法案は審議未了で不成立となっている。こうした信用組合の設立を求める動きに岡田は共感し、法案は廃案となりながらも、掛川信用組合を設立する。これを皮切りに、県内各地に続々と信用組合が設立される。一九〇〇年、産業組合法が公布され、あわせて信用組合が発足した。しかし、これはすでに発足していた掛川信用組合と同質の信用組合ではなかった。よって報徳社を民法上の公益法人にして、掛川信用組合は産業組合法上の信用組合となったのである。

認可を得るまでに色々な問題があった。特に問題となったのが取引範囲のことであった。本来は市町村を範囲とされたが、遠江国一円に組合員がいたため、静岡県庁に特別な理由があると説明し、できるだけ範囲を縮小し小笠、磐田、榛原の三郡を区域として許可を受けている。

掛川信用組合は、その後一九五一（昭和二六）年、信用金庫法に基づき掛川信用金庫、そして現在は島田掛川信用金庫となっている。

◈財本徳末を立場として

岡田は二宮尊徳の四高弟の一人ともいわれる。ただ、当初の岡田の考えは他の三人と比べて明らかに異質な点があった。その一つは財本徳末論である。これは、報徳の実利性を強調したもので「財ハ本ナリ、徳ハ末ナリ」と財を生じてこそ徳を実践できる（富を得ることで徳を実践できる）という立場に立った功利主義的な考えであった。この考えは報徳思想の神道的側面を強調する福住正兄や、徳こそが大事とした徳本論（功徳こそが本とする善法）の立場の富田高慶など尊徳の思想を引き継ぐ人たちから反発を招いている。しかし、岡田が活動した時代は尊徳が活躍した農業中心の時代ではなく、産業革命が起き各地に企業勃興している時代であった。岡田は尊徳の思想をそのまま継承するのではなく、より積極的に読み替えた発想であった。ただ、岡田の晩年は功利主義的な考えとは異なるようになっている。時代の流れにのみ込まれるのではなく、時代に考えを適合させていくことが大事だったのである。

遠江国報徳社が一八九八年に社団法人の認可がおり、報徳社は社会経済の厚生団体としての性格が強くなる一方、一九〇〇年に産業組合法が成立すると、信用組合は金融を基本とした相互扶助組織という性格が明確になった。こうして、報徳社と信用組合は次第に距離をとるようになる。柳田国男が信用組合の拡大に報徳社を利用しようとした時、遠江国報徳社社長であった岡田は「社員は、固より金を借りるの目的を以て入社せず」と、厳しく批判している。

【参考文献】

平川祐弘「岡田良一郎」『天ハ自ラ助クルモノヲ助クー中村正直と西国立志編ー』（名古屋大学出版会、二〇〇六年）
森下広太郎編「報徳演説筆記（名誉同盟員岡田良一郎君演説）」（帝国農家一致協会出版課、一九〇〇年）
長谷川直哉「報徳思想と企業倫理」『日本経営倫理学会誌』第一五号（二〇〇八年）
掛川信用金庫『100年の歩み』（一九七九年）
松野尾裕・見城悌治・落合功編著『報徳思想とその展開ー近世から近現代へー』（不二出版、二〇二三年）

13

高橋　是清

（一八五四―一九三六）

軍部の圧力に屈せず楯となる

◆はじめに

高橋是清の人生は波乱万丈である。留学先の米国では奴隷として売り飛ばされた。若い時には投機や銀山経営に手を出し失敗した。しかしそれでいながら日本銀行総裁、大蔵大臣、そして最後には総理大臣にまでのぼりつめた。国民からは「だるま」という愛称で親しまれ、金融危機など国内の多くの難局を乗り切った。積極財政を推進し、今では「日本のケインズ」などといわれることもある。他方で軍事費抑制を示して軍部に睨まれ、最期は二・二六事件（一九三六年）において青年将校の凶弾に倒れた。軍部の言いなりにならず、国民生活を守るべく、国民の盾となった人物である。

◆失敗人生

若い頃の話をしよう。仙台藩の足軽の養子だったが、一八六七（慶応三）年に藩から米国留学を命じられている。戊辰戦争（一八六八～六九年）に巻き込まれなかったことは幸運だった。さぞかし学問に励んだかと思えばそうではない。酒をやり、バクチもやる。放蕩三昧だった。一緒に米国留学した一人に富田鉄之助がいた。この人物は二代目の日本銀行総裁に着任する。同じ仙台藩出身だが、真面目で実直な性格だったため、サンフランシスコに到着するや否や「高橋、君はこの船で帰れ」と叱責し、金を持たせて帰国を促した。ところが、高橋はその金さえも酒代として使い果たし、さらには友人の金まで取り上げて飲み干してしまう。そして米国では、高橋はいつの間にか奴隷として売られていた。ほうほうの体で日本に戻っている。

日本に戻っても放蕩癖は治らない。米国で培った英語力を買われ、大学南校（今の東京大学の前身）の英語の教員に着任したのだが、長襦袢（ながじゅばん）を着て酒を飲みながら芝居を見ていたのを同僚に見つかり、大学を辞めなければならなくなった。その後、しばらくの間、芸者のお供として三味線持ちをしている。

投機にも夢中になった。それもしばらくするとやめて、文部省、農商務省と官庁勤めを始める。農商務省では、商標や専売制度を研究するため欧米各国を歴訪した。初代の特許課長に着任する。しかし、こうした安定的な生活もつかの間、ペルーに有望な銀山があると聞くや、官僚を辞めて勇躍ペルーで銀山開発を始める。しかし、これも大失敗。群馬県内の鉱山開発を手掛けるが、またも失敗する。とうとう持ち家を手放し、裏店住まいになっている。

しかし、高橋の才能は見捨てられたわけではない。高橋は日本銀行総裁（第三代）であった川田小一郎の邸宅を訪ねると、日本銀行への入行を要請される。

高橋是清

出所：国立国会図書館ウェブサイト「近代日本人の肖像」

この時から高橋は金融史の舞台へと登場する。

◆金融政策、財政政策に命を捧ぐ

高橋は日本銀行に入行すると、翌年、新設された西部支店（山口県下関）の支店長に任じられた。そして二年後には横浜正金銀行の横浜支店の支配人となる。

高橋が金融・政治の業界で名声を高めたのは日露戦争（一九〇四～〇五年）の時である。国運を左右するなか、高橋は戦費調達のため欧米に渡り、戦中から戦後にかけて六度にわたる外債募集を成功に導いた。この資金がなければ、戦争を遂行することは難しかったし、戦争を勝利に導くことも困難だっただろう。特にアメリカでは「同情と金儲けは別だ」と外債の発行を断られ、欧州でも厳しい条件が提示されている。ロンドン市場では無謀な戦争で日本の勝ち目はないと、日本の外債価格は開戦後二か月で二五パーセントも下落したという。そんな厳しい状況のなか、持ち前の高橋の弁舌や幅広い人脈などにより外債発行を実現する。

◆大蔵大臣に七度

高橋は日本銀行総裁として一九一一年六月に着任するが、その後は立憲政友会に入党し大蔵大臣として活躍する。総理大臣、農林大臣、商工大臣なども務めたが、何といっても大蔵大臣に着任することが多かった。山本権兵衛内閣（一九一三年二月二〇日～一四年四月一六日）の時に初めて大蔵大臣に着任する。この時立憲政友会に入党した。政党入りしたことで活躍の場は政界となり、それ以後、原敬内閣（一九一八年九月二九日～二一年一一月一三日）、高橋是清内閣（一九二一年一一月一三日～二二年六月一二日、留任、総理と兼任）、田中義一内閣（一九二七年四月二〇日～二七年六月二日、一時期）、犬養毅内閣（一九三一年一二月一三日～三二年五月二六日、一時期総理兼任）、斎藤実内閣（一九三二年五月二六日～三四年七月八日）、岡田啓介内閣（一九三四年一一月二七日～三六年二月二六日、途中から）と、自身が総理となった時も含めて七人の内閣のもとで大蔵大臣を務めている（（　）内は高橋の蔵相就任期間）。

山本内閣の時、三島弥太郎（通庸の長男）が大蔵大臣の候補となっていた。しかし、三島は同じ薩摩藩閥であるため大臣を断り、日本銀行総裁を務めることになった。これにより日本銀行総裁だった高橋が大蔵大臣に就く。ただ、山本内閣はジーメンス事件が起こり、わずか一年で総辞職する。「高橋財政」などといわれて自由に財政政策に辣腕をふるったのは、原内閣の時と、引き続き兼任した自身が首相の時だけだった。この時は、鉄道敷設法をはじめとしたインフラ整備による積極財政を推進した。ところが原敬が暗殺され、その直後に首相と兼任したため、混乱のなかで首相としての立場を務めあげることができず、退陣せざるをえなかった。

それ以降、高橋が蔵相に着任する時は決まって難局の時である。田中内閣の時は昭和金融恐慌[1]の立て直しの時である。この時は一九二三（大正一二）年に起きた関東大震災の際に発行していた震災手形が支払いできずに不良債権化したことで、銀行経営は行き詰まりをみせていた。そんな折に、片岡直温蔵相が大蔵省予算委員会の場で「東京渡辺銀行が破綻した」と発言したことで、一気に信用不安が広がった。全国各地の銀行で取り付け騒ぎが起こり、休業を余儀なくされた。それに加えて、鈴木商店の行き詰まり、台湾銀行の経営不振が露呈し、その救済がなされている。

着任した二日後にはモラトリアム（債務の支払い延期令）を実施し、この間に大量の紙幣を発行して難を逃れている。犬養内閣での就任も昭和恐慌を招いた時である。以後、一時退任するものの、自身が二・二六事件で凶弾に倒れるまで任を全うする。それは自身の意志や名誉欲ではない。余人に代わる人がいなかったからである。

◈井上準之助と高橋是清

高橋が二・二六事件によって殺害された原因は、予算をめぐる軍部との対立だが、その遠因は金解禁政策の失敗にあるといってよいだろう。金輸出解禁（金解禁）とは、立憲民政党の浜口雄幸内閣（一九二九年七月二日〜三一年四月一四日）のもと、井上準之助蔵相が推進した政策のことである。この政策自体は国際社会の要請のなか、必然であったが、世界恐慌というタイミングが悪かった。世界恐慌のあおりをうけ、各国は続々と金兌換を中止した。そんななかで金解禁を実行した。日本が保有していた金は大量に海外へ流出した。同時に、日本政府は円高政策を維持し続けたため、輸出が停滞し景気を悪化させたのである。

井上と高橋は同時代を生きた金融家として、よく比較される二人である。後で紹介する通り、井上は立憲民政党に入党し金輸出を解禁。デフレ・緊縮政策を断行した〔14〕。他方、高橋は立憲政友会に所属し金解禁の再禁止を断行した。公共事業投資・財政拡張政策を推進して世界恐慌から脱することに成功し、「日本のケインズ」といわれた。

金解禁を再禁止した直後の貴族院では、井上と高橋との間で激しい論戦が交わされている。当時の新聞を見ると、

「井上前蔵相が起って現内閣の財政政策、特に金再禁問題を提げて痛烈な質問を試みたので、高橋蔵相の応酬と相まって、議場は一段と緊張し」（昭和七年一月二二日「東京朝日新聞」）と、緊迫した議会の様子を伝えている。ただし、議会はすぐに解散、井上は血盟団事件で暗殺されたため(2)、論戦の結着を見ることはなかった。

これだけを取り上げると、井上と高橋の経済政策や政治姿勢は正反対のように思える。しかし、井上が日本銀行に入行したのは一八九六年七月。高橋は一八九二年に第三代日本銀行総裁の川田小一郎の邸宅を訪ねた際に勧められて日本銀行に入行していた。つまり、年齢は別として、高橋とは直近の先輩・後輩の関係であった。井上が初めて第九代日本銀行総裁に着任した時は高橋が蔵相を務めていたし、昭和金融恐慌時に井上が再度第一一代総裁に着任した際には「金融界の信用の後始末をやるためには井上準之助をおいて他はいない」との高橋の強い推挙があった〔前57、61〕。

一見、二人の経済政策は正反対に見えるが、金融危機であれば、財政出動や金融緩和に取り組まざるを得ない。そして、ある程度落ち着けば、放漫な財政を引き締める必要があるだろう。その意味では、高橋も井上も当時の経済状況に応じた政策を取っていただけの話である。むしろ、当時、政財界で影響力が日増しに強くなっていった軍部の圧力に腐心していた点は共通している。この点、井上は金本位制を堅持することで金と円を兌換する自己調整機能に期待した。一方、高橋は予算折衝の攻防で軍部を押し切っている。

井上が死を賭して行った金解禁政策は、米国ニューヨーク・ウォール街で株価が大暴落して始まった世界恐慌のあおりを受けて座礁してしまう〔前65〕。血盟団事件では井上だけでなく、ドル買いで多額の利益を得た三井財閥総帥の団琢磨も暗殺された。恐慌が信用不安のみならず社会不安へと広がりを見せるなか、高橋は井上からバトンを受け取ったのだった。

◆金融恐慌のどん底のなかで

金輸出解禁による失敗と世界恐慌のあおりを受け、日本は昭和恐慌に突入する。都市では企業が倒産し、失業者が増大した。農村でも繭相場が暴落し、飢饉を招くことになる。

この日本経済のどん底を救ったのが高橋であった。一九三一年一二月、高橋は犬養内閣のもと大蔵大臣に就任する。高橋に期待された課題は、政敵である民政党を批判することではなく昭和恐慌からの脱出だった。単なる「景気が悪い」ということではなく、生活に困窮していた人々を救うために景気を回復しなければならないという命題が課せられていたのである。

高橋は五度目の蔵相に就任すると、ただちに金輸出を再禁止した。さらに四日後には緊急勅令を発して、日本銀行券の金兌換を全面的に停止した。こうして日本は金本位制から離脱し、再び管理通貨制度へと移行する。

高橋の政策目標は、輸出の促進と国内需要の喚起だった。輸出促進では低為替政策（円安政策）を推進する。そして、低金利政策を推進し、企業の資金調達を容易にし、国内需要を喚起した。さらに、銀行券の補償発行限度額を増やし、金その他の準備資産の裏付けが無くても紙幣量を増大させることを可能とした。これにより、財政出動による公共事業投資を推進していく。

さらに、一つの奇策を実行する。国が発行した赤字公債を日本銀行に引き受けさせたのである。つまり、新規公債を日本銀行が引き受けて市場にマネーを流出させ、それが企業の運転資金などに回ることで、生産活動を活発化させる。資金に余裕ができれば貯金に回る。そして、銀行などの金融機関が日本銀行から公債を買えば、マネーが戻って来ると考えたのだ。かくして、公債発行を行い財政出動を実行し、資金需要に応えるとともに市場に出回る貨幣量を増やすことに成功した。為替相場を円安に導き、輸出を容易にしたのである。

この「日本銀行の公債引き受け」は、一時凌ぎの方法としては有効だった。政府が発行した公債自体は日本銀行のもとにあり、決して消えた訳ではないが、ドイツ中央銀行やイングランド銀行からも妙案といわれた奇手であった。

こうして、昭和恐慌は次第に落ち着きを取り戻した。一九三〇年代後半になると、日本経済は世界・昭和恐慌のどん底から脱することができた。これは列強の中でもドイツに次いで二番目の早さだったという。その後、犬養内閣を引き継いだ斎藤実内閣は「帝人事件」[3]で世間から批判を受けて総辞職に追い込まれ、高橋も蔵相の座を退いた。

しかし、恐慌から劇的に回復した日本の姿を高橋は見ることはなかった。一九三六年二月、二・二六事件によって高橋が青年将校に殺害されたためである。

二・二六事件の研究をしている須崎慎一は、事件の引き金となったのは第一師団の満州（中国東北部）派遣情報だったが、「青年将校の一部が、決起の理由として掲げるのが一九三五年（昭和十年）十一月二六日の高橋是清蔵相発言である」と述べている。まさに、昭和一一年度予算を巡り激しい攻防が交わされるなかで発せられた一言が命取りとなったのである。

◆予算をめぐる攻防

昭和恐慌が次第に落ち着きを見せるなか、岡田啓介内閣（一九三四年七月八日〜三六年三月九日）が発足する。この時、高橋は大蔵次官を務めていた藤井真信蔵相に職を譲る。藤井は軍備予算を抑制し、赤字国債の償却を目指すが、喀血の病にむしばまれ、昭和一〇年度予算案が閣議決定されると蔵相を辞任する。結局、蔵相には高橋が再任された。藤井は退任した二か月後に死去した。精神的に追いつめられていたのだろう。

当時の問題は、軍部の圧力に対して、どう向き合うかということであった。まさに命賭けであった。藤井蔵相が喀血を患った理由は、軍部の圧力に耐えきれなかったからといわれる。一九三一年の満州事変から始まり、満州国建国（一九三二年）、国際連盟脱退（一九三三年）、ワシントン海軍軍縮条約破棄の通告（一九三四年）と日本は国際社会からどんどん孤立していく。国際情勢が緊迫するなか、陸軍、海軍の圧力は相当のものであっただろう。

蔵相就任直後、雑誌『エコノミスト』に「高橋財政への復帰」と題し、「高橋翁でなければと期待する一事がある。それは政府対軍部の力のバランスを回復し軍事費と財政の調整を確定的な軌道の上へのせることである」との記事が載った（昭和九年一二月一一日号）。軍部が台頭するなか、抵抗できる政治家は高橋是清ただ一人だったのである。

当時の大蔵省にとって問題となったのが、公債発行額であった。一九三二年以降、一般会計における歳入総額のうち新規公債発行額は三割を超えていた。藤井蔵相の際に公債発行額は八億四千万円から七億六千万円へと減額しているが、こうしたことから昭和一一年度の予算編成方針には「公債発行ノ増加ヲ避クルノ緊切ナルヲ念トシ」と、公債発行額を昨年度並みとすることを目標に掲げている。また、満州国建国に伴う予算請求について、軍部は「国内の延長」と捉えて財源を振り向けようとしたのに対し、高橋は「満州国は外国」と捉えた。まずは日本国内の経済を安定させるために、国内経済に優先的に財源を振り向けようとしたのである。

昭和一一年度の予算を巡る攻防は特に激しさを増した。六月に行われた予算編成演説でも、高橋は「公債ソノモノニ対スル信用ヲ失ハシメヌ様ニスルコトガ最モ必要デアッテ」と、公債発行額を漸減する必要性を説いている。それでいながらも、各省からの新規要求額は一一億五千万円を超えていた。

昭和一一年度予算は、基準予算は一六億八千万円で、他に各省からの新規要求額は国債費を含めて総額一一億数千万円であった。新規要求額のうち、陸軍は三億四千万円、海軍は三億円の予算要求をしていた。それに対し大蔵省の査定額は、陸軍、海軍それぞれ二億二千万円、一億二千万円にした。これに基準予算額を足すと、陸軍は四億八千万円、海軍は五億三千万円にものぼる。実に国家予算の半分以上を国防費に充てる計算であった。それでも陸海軍は不足だと主張する。その後、陸軍では一千万円の復活折衝が認められているが、それでも一億円の開きがあると主張する。海軍も同様に五千万円を要求している。

軍部の立場からすれば「満州国」建国にともなう費用、ワシントン条約破棄、満州事変後の国際情勢への対応という状況のもと、国防の必要が高まったと主張し譲らない。それに対し、大蔵省の査定は、他省庁の場合、新規要求額に対し二割、三割程度しか認めていないのに、陸軍、海軍へは五割近く認めており、決して国防を軽んじているわけではないと、一歩も譲らなかったのである。

一一月二五日には、海軍、陸軍を除くとおおよそ予算は固まりつつあり総額二二億四千万円で落ち着く様相をみせている。その後、岡田首相のもと閣議が開かれた。二六日の閣議で、陸軍と海軍はそれぞれ一千万円の復活折衝が認められ、おおよそ要求通りになった。ただ、この時高橋の命取りとなる発言が出たのである。

◆軍部をたしなむ

二六日の閣議における予算折衝は激しい議論が交わされた。海軍大臣、陸軍大臣は厳しく復活要求を主張した。陸軍・海軍が復活要求をするると、たいていの場合認められていた。ところが高橋は譲らなかった。そこで、以下のような発言をする。長文だが引用しておこう（「東京日日新聞」昭和一〇年一一月二七日付け朝刊）。

わが国は由来資源乏しく、列国に比し国力極めて貧弱な国柄である。国の予算は当然この国力に重点を置き、これに相応した予算を作らねばならぬ。

わが国は今や産業・貿易において至るところに目ざましき躍進をなしている。これがため世界各国は日本に対し反目し、全く孤立無援の状態にある。

であるから、わが日本としてはよくその国情を反省すべきである。予算も国民の所得に応じて作らねば、やがて国力は疲弊し、国民は塗炭の苦しみに陥り、いざ鎌倉という場合に敵国に対して応戦は出来ない。この場合の余裕は十分に培って置かねばならぬ。殊に最近のわが国内の情勢は年々災害を重ね、民力は疲弊して行くばかりでなく、社会政策的施設等につき、多大の考慮を要する時であるから、軍部はこの点につき、十分反省されるべきではないかと思う。今日の軍部に対しては言論機関も、いいたいことをいえないし、財界人も「これは困った事態だ」と、思いながらも何もいえない、一体この情勢を軍部両相はどう見てゐられるか。国内情勢はすでにかくのごとくである。これ以上軍部が無理押しをすればおそらく国民の怨瑳の府になるであろう。よくこの点を考えてもらいたい。自分は軍部予算に対し、なけなしの財源を漁り、公債を増発して各一千万円づつ奮発したのである、これ以上は何

としても出せない。わが輩の見るところでは各国とも決して日本に対し挑戦して来るものではないと思う、よって
わが国としても、いたずらに外国を刺激するが如きことは慎むべきである。

「東京日日新聞」では、この発言を掲載し、見出しには「疲弊し行く民力、熱情ほとばしる蔵相の言に各閣僚も感動す」と記されている。「東京朝日新聞」でも、この発言を紹介している。ただ、趣旨は同じだが発言内容にしてはかなり異なっている。直接、発言を叙述したものではなく、人づてに聞いたものを発言としたのであろう。そして「東京朝日新聞」の見出しには「信用維持が急務。蔵相、軍部をたしなむ」と記された。陸軍、海軍の軍部にとって高橋蔵相から叱られた様相を世間にさらされた形となり、両大臣は面目を潰された格好になった。これが、青年将校たちの感情を逆なでした。高橋蔵相は国防への意識が低いと捉えられ、怒りを買った。簡単にいえば、高橋は「軍部の敵」と映ったのである。

翌二七日の閣議では、川島義之陸軍大臣は、予算折衝をせず、もっぱら地図を広げて国際情勢を熱く主張し、軍備充実の必要性を強く語り、高橋発言に反駁を加えている。その後、大蔵大臣と陸・海軍は歩み寄りをみせ、妥結に近づいたところでもうひと悶着起きている。今度は参謀本部から強硬な反対が出された。このため陸軍省は苦境に陥っている。この時の様子は号外まで出されている。

連日の議論のなか、閣議で予算がまとまったのは、一一月三〇日の朝七時二〇分のことである。前日の朝一〇時半から二〇時間の議論を費やし、二二億七二〇〇万円の予算をまとめあげた。高橋蔵相はこの時八二歳であった。「三六時間閣議」などともいわれる歴史的な予算編成会議を、数百人という新聞記者、各省役人たちはかたずをのんで見守った。

結局、予算額は陸軍五億八〇〇万円、海軍には五億五一〇〇万円となった。他方、公債発行額についても大蔵省の目論見通り六億八千万円に食い止めた。公債発行額漸減の方針を堅持することができたのである。

◆二・二六事件

結局、言論による説得は虚しく軍部には届かなかった。高橋は二月二六日に赤坂の私邸にて青年将校に襲撃を受けた。大蔵大臣官邸には内側からのボタン一つで絶対開かない装置がほどこされているなど、万一の襲撃に備え色々な工夫がなされていたという。しかし、それらも徒労に終わった。

高橋は殺害される直前、友人に以下のように語ったという。

いや、これがもっと年齢が若くて、先へ行って御奉公ができるというなら考えることもあるが、わしはもうこの年齢で、いま奉公をしなければするときはない。最後の御奉公と思って入閣したのだ。わしはもうこのまま死ぬ気だ。

その日は新婚の娘が初めての里帰りだった。前日、高橋は子連れの唐獅子を床に飾り、朝が来るのを楽しみに床についた。しかし、待ちに待った朝、やって来たのは招かれざる客だった。

アメリカで奴隷に売られても、酒におぼれて職を追われても、無一文になったとしても、何も動じることはなかった。そして金融危機などの国家の窮地に立たされても、策をもって日本を救った。しかし、さしもの高橋も銃口の前ではなすすべも無かった。

高橋は、戦後（一九五一年）、五〇円紙幣の肖像として登場する。五〇円硬貨が登場する一九五八年まで発行され続けた〔前65〕。軍部に抵抗し命を懸けた人物として忘れてはならない政治家ということなのであろう。

◆新たな財政指針

二・二六事件の衝撃が冷めやらぬ三月九日、岡田内閣から広田弘毅内閣（一九三六年三月九日〜三七年二月二日）へと交代する。この時の大蔵大臣は馬場鍈一である。馬場は均衡財政論者であったが、金解禁以降の農村の疲弊や満州事変以降のソ連との緊張などを目の当たりにし、積極財政論者になった〔16〕。

馬場は、人事を刷新し、これまで高橋財政を支えてきた省内の官僚たちを異動する。そして、高橋が推進した公債漸減主義を放棄し、再び公債発行を推進し増税を行った。そして軍事費の増額を認めた。もはや、軍国主義の流れに抗する人は誰もいなくなった。

高橋是清のような物言う声は鳴りを潜め、軍靴の音が次第に高くなっていく。

【注】

（1）昭和二年に発生した銀行恐慌。全国各地で取り付け騒ぎが生じ、三〇以上の銀行が休業に追い込まれた〔前57〕。

（2）昭和七〜八年に発生した右翼団体血盟団による連続テロ。井上準之助が殺害されたほか、多数の政財界要人が狙われた〔前65〕。

（3）昭和九年に発生した帝国人造絹糸（帝人）の株式売買を巡る汚職、疑獄事件。

【参考文献】

吉野俊彦著『歴代日本銀行総裁論』（講談社学術文庫、二〇一四年）
大蔵省大臣官房調査企画課『大蔵大臣回顧録』（大蔵財務協会、一九七七年）
J・B・コーヘン著、大内兵衛訳「日本銀行の役割」『戦時戦後の日本経済』（岩波書店、一九六〇年）
リチャード・J・スメサースト著、鎮目雅人・早川大介・大貫摩里訳『高橋是清』（東洋経済新報社、二〇一〇年）

14

井上 準之助

（一八六九―一九三二）

世界の金融情勢に翻弄された覚悟の人

◆はじめに

一八六九（明治二）年三月二五日、大分県日田郡（現・日田市大鶴町）に生まれる。東京帝国大学法科大学卒業後、日本銀行に入行。大阪支店長、営業局長を経て横浜正金銀行頭取を歴任、一九一九（大正八）年から第九代日本銀行総裁。一九二三年、関東大震災後の混乱期に第二次山本権兵衛内閣の大蔵大臣（蔵相）に就任するが、虎ノ門事件(1)のため在任四か月で辞任。一九二七（昭和二）年に昭和金融恐慌(2)に陥ると、当時蔵相だった高橋是清の要請で第一一代日本銀行総裁に再任。その後、民政党の浜口雄幸内閣で蔵相に就任し金輸出解禁（金解禁）、デフレ政策を推進した。しかし、世界恐慌のあおりを受けて失敗する。一九三二年、凶弾により殺害された。

◆民政党から大蔵大臣に着任

井上準之助は本来、立憲政友会（政友会）寄りであったといわれる。なぜなら、井上は日本銀行ＯＢであり政友会の重鎮である高橋是清と近い関係であった。日本銀行総裁に初めて就任した時の蔵相は高橋だったし、昭和金融恐慌の際は蔵相の高橋に要請され井上は日本銀行総裁になった〔13〕。このため、井上が立憲民政党（民政党）から蔵相に就任したことは、多くの国民にとって意外であった。

実は井上は高橋の葉山の別邸を訪問し「浜口君と話し合つて見ると現在の財界を矯正するためには緊縮財政により

いぢめつけて金解禁をしなければならぬという事に意見が一致したので大蔵大臣を引き受ける事になった」と就任の報告をしている（「東京朝日新聞」昭和七年二月一〇日）。つまり、デフレ政策と金解禁の二つを実行することで浜口と井上の間で共通の認識が得られたため、民政党の蔵相に着任する覚悟を決めたのである。井上は、着任前に起きた昭和金融恐慌の要因について二つあると考えていた〔前57〕。一つは、第一次世界大戦の時に膨張した生産力を縮小しきれず、恐慌でさらに救済融資をしたことである。そして、もう一つは、関東大震災後の復興資材調達のため大戦中に蓄積した外貨を放出し、輸入を増加させなければならなかったということだ。

◆金解禁を巡る諸論争

通貨（コインや紙幣）はそれ自体では価値が無い。このため金と兌換できることで貨幣の価値を維持する。これが金兌換制である。金兌換が可能となれば円が保証されるだけでなく、通貨発行量も金の保有量（金準備）によって制限でき、恣意的な金融政策（財政補填のために大量に通貨を発行することなど）は行えなくなる。また、当時の基軸通貨であるイギリスのポンドと円のレートが固定され、国際的に円の信用力が増し、海外から低金利で資金を借り入れることができた。貿易赤字になると金流出につながるが、それは国内では金融引き締めにもつながった。

第一次世界大戦の時、各国は金流出を防ぐために金輸出を禁止し、金兌換制から離脱した。大戦が終了すると、各国は再び金輸出を解禁し、金本位制へと復帰する。一九二八年にはフランスが金解禁を行い、主要国で復帰していない国は日本だけとなった。日本は円の信用を高めるために

井上準之助
出所：国立国会図書館ウェブサイト「近代日本人の肖像」

も早期に金本位制への復帰が求められたのである。東京商工会議所は金解禁の「即時断行」を決議している。ただ、金解禁の必要性は理解されながら、国内では実施の方法を巡り激しく議論が展開されている。

金解禁にあたっては、為替相場の安定と外貨保有量の維持が要請された。相場変動は輸出入、国内市場にも影響するため、慎重を期する意見が主流を占めていた。一方でその間に関東大震災が発生し、昭和金融恐慌が起きたため、金解禁どころでなくなった。

また、為替相場を旧平価とするか、新平価とするかが議論になった〔前64〕。日本が金輸出を禁止した一九一七年には、一ドル二円（旧平価）だったのに対し、一九二八年頃には一ドル二円三〇銭の円安だった。当時のエコノミストである石橋湛山は実態に合わせた新平価を主張した〔20〕。実際、欧米が金解禁に踏み切る時は、実態に合わせた為替相場で行われている。しかし、井上は旧平価（一ドル二円）を主張し、実行に踏み切った。理由は三つあった。

一つ目は見栄である。第一次世界大戦で疲弊し、平価を切り下げた欧州とは違うところを示し日本円の威信を高めたかった。今考えるとつまらないことだが、アジアの新興国としての日本の立場を国際社会に訴える必要があったのである。

二つ目は、旧平価にするために経済規模を縮小する（デフレ政策を推進する）ことで経営環境が悪くなり、結果、企業の経営合理化が進み、国際競争力が高まると考えた。大戦後の好景気では企業整理が行われなかった。戦後恐慌、関東大震災、そして金融恐慌対応で膨らんだ放漫財政を是正できると考えたのである。このことは井上が浜口との間で交わした「現在の財界を矯正する」につながるところである。井上の信念だった。

そして三つ目は、日露戦争の際の借金がドル建てで残っており〔前45〕、新平価で円安にすると、それだけ借金額が相対的に増加するためである。

旧平価で金解禁を実施する理解を得るため井上は全国に飛び、各地で講演を行った。旧平価とするためにデフレ政策を推進し、市場に出回る貨幣量を減らし金解禁の準備をした。そんな折、最悪のタイミングで世界恐慌が始まった。

一九二九年一〇月二四日、ニューヨーク・ウォール街の株式市場で株価が大暴落したのである〔前65〕。

◆金解禁の推進

世界恐慌の結果、欧米商品の価格は四〜五割程度に下がった。このため、商品を海外に安値で売り込もうとしても売れず、デフレ政策の効果は限定的となり、井上の期待通りにならなかった。しかし、井上はこの世界恐慌は短期的なものと見て、一九三〇年一月に金解禁・金本位制復帰を実行する。世界恐慌でドルは暴落しドル安・円高となり、円買い・ドル売りが進んだ。日本経済は、円高とデフレ政策の影響で主要輸出産業（綿糸、紡績）が大きな打撃を受けた。後に金解禁政策は「嵐に向かって雨戸を開けっ放しにした」暴挙といわれた。

金兌換制である以上、円が買われるということは、金が流出することを意味する。それでも一ドル二円の為替レートを維持した。日本の金は海外流出が続き、金は枯渇するが、金の確保のために米国から借り入れてまで継続した。日本から金が流出しても維持し続けることができた根拠は、当時の金融市場の中心である英国・ロンドンが金本位制を維持していたからである。英国が金本位制を維持している以上、日本の円もロンドン金融市場と連動することから、円の価値が保証されると考えたのである。

ところが、一九三一年九月、英国が金本位制から離脱し金輸出再禁止となった。もはや、日本は金本位制を継続する根拠がなくなってしまった。この時、米国の銀行は日本も近い将来、金輸出を再禁止すると予測し、「ドル売り円買い」から「円売りドル買い」へと一気に転換した。米国の銀行が中心だったが、日本の財閥である三井、三菱、住友などもこれに追随した。

日本政府は、「ドル買い」に向かった人々を国賊といい、金本位制維持のために、ドルの無制限での統制売り（横浜正金銀行が日本銀行を後ろ盾にしてドル売り）で対抗した。しかし、ドル売りするためのドル資金の調達は難しく、金はさらに流出する。金輸出解禁がなされる直前の一九二九年の正貨保有高は一三億四三〇〇万円だったのが、高橋是清が金輸出再禁止とした一九三一年には五億五七〇〇万円にまで落ち込んだ。結局、満州事変が勃発し社会は混迷し、金は枯渇し、世界恐慌のなか、いくら円安になっても物が売れず、日本経済は停滞する。失業者を増大させ、企業の倒産を増やし、国民生活に影響を与えるだけで、成果を生むには至らなかった。

環境が厳しくなる中で一九三〇年一一月、浜口首相が東京駅で銃撃される〔前63〕。

◆覚悟の死

浜口内閣に代わった若槻礼次郎内閣は、一九三一年一二月に総辞職し井上も下野する。政友会の犬養毅が首相となり、高橋が蔵相に就任する〔13〕。これと同時に金輸出の再禁止、兌換銀行券の金兌換停止（管理通貨制度）が推進された。

浜口を失った後、井上は民政党を支えた。選挙委員長を務めているが、本意だったのだろうか。思えば、金解禁に伴うデフレ政策も旧平価の提案も、本人の考えというよりも、当時の金融財政事情のゆがみを修正するためであった。金解禁の実施自体、国際社会の一員として、実行が遅過ぎたし、放漫財政の中で存続し続けている企業の整理が求められていた。しかも、日露戦争以来の外債返済がある以上、旧平価の方が望ましかった。関東大震災、金融恐慌により、いつ破裂するかもしれない膨張した財政金融事情の中、金解禁政策をてこにしたデフレ政策が求められたのである。「男子たるもの一度決心したことは容易にくつがえすべきではない」。戦後復興期に日本銀行総裁として辣腕をふるった一万田尚登への井上の言葉である〔18〕。民政党の一員として、下野した後も井上は国会でも高橋蔵相に金解禁実施の実行者として論戦を挑んでいる。

一九三二年二月、民政党議員の選挙応援演説のため本郷駒本小学校前で自動車から降り、歩きはじめた時、血盟団員小沼正により銃弾が放たれた。弾丸は右胸部に一発貫通し、さらに二発も命中した。出血は少なかったが、いずれも急所を突きほぼ即死であった。六二歳のことである。井上は「デフレーション政策は死を覚悟してやらざるをえないものである」と述べているが、実際にそうなってしまった。確かに金融の引き締めは経済界を硬直させる。お金は減るより増えた方が良い。国民感情からすれば、評判悪いのもよくわかる。チヨ子夫人は「兼ねて覚悟しておりました」「国家のために犠牲になったと思えば」と語ったという。

【注】

（1）一九二三年一二月二七日、東京都千代田区虎ノ門にて皇太子裕仁親王（後の昭和天皇）が無政府主義者から狙撃された事件。第二次山本権兵衛内閣は総辞職した。

（2）一九二七年三〜四月に発生した金融恐慌。片岡直温蔵相の「東京渡辺銀行が破綻した」という失言に端を発し、全国各地で取り付け騒ぎが起きた。このため、多くの銀行が休業に追い込まれた〔前57〕。

【参考文献】

吉野俊彦『歴代日本銀行総裁論』（講談社学術文庫、二〇一四年）
大矢野栄次『経済学で紐解く日本の歴史　上巻』（同文館出版、二〇一五年）

15

池田 成彬（一八六七―一九五〇）

暗殺名簿に入った銀行家

◆はじめに

一八六七（慶応三）年、山形県米沢市に生まれる。慶應義塾大学に入学し、ハーバード大学に留学する。時事新報社を経て三井銀行に入行、常務理事になる。その後、第一四代日本銀行総裁、大蔵大臣兼商工大臣、枢密顧問官を務める。戦後はA級戦犯容疑で自宅に軟禁され、その後、公職追放された。この時、池田は何ら弁解をしなかったという。八四歳で亡くなる。

蓋棺事定（がいかんじてい）という言葉がある。人の生前の評価はあてにならず、死後に定まることをいう。経済評論家の小汀利得（おばまとしえ）は「欠点が少ない人は喜ばれないし、さらに力があると一種の威圧を感じる。だから、生前の池田さんは、この人を知ると知らざるとを問わず、皆から悪くいわれた。しかし亡くなってみると、この偉大なる人物を惜しむ感情は誰の胸にも起るのであろう」と評した。「偉大なるはにかみ屋」とも評された。謙虚で自分の業績を自慢することは無く、公職追放解除申請時には多くの人々が先を争って提出したが、彼は気にかけることは無かったという。

◆米沢を誇りに

子どもの時、買ってもらった奇麗な絵草子を墨汁で汚した。父親に適当な返事をしたのだが、あとで分かり激怒された。以来、嘘はつかないと誓った。晩年、新聞記者にも「私は嘘を言わないが、話せないものは話せない」と答えた。

出身地の山形・米沢は戦国大名で有名な上杉氏の勤倹の精神が徹底している。豊作でない年は「各戸毎朝粥を食うこと」「酒は造ってはいけないこと」「一汁一菜を徹底すること」などの触れが出されたが、誰ひとり違反しなかったという。米沢の気風には三つの特色があった。「錆びても刀だけはある」という武張った気風、学問に熱心な気風、勤倹な気風だ。そして嘘を言わない。これは池田成彬の誇りである。

◆三井銀行に入行

池田は慶大を卒業後、福澤諭吉が主宰する時事新報社に入社する〔2〕。しかし、給料が低いことを理由に三週間で飛び出し、三井銀行に入行する。大阪支店などを経て、三〇歳の時に栃木県の足利支店の支店長になった。

ある日、帳簿を見ていると、金銭を貸している同一人物から預金も受け、業績を高めていることが判明した。そして、当時の貸金総額二五万円のうち八万円を特定の地主に貸していることも分かった。担保の山林を見に行くと実際には無く、騙されていたことが分かった。地主から厳しく取り立てようとすると、この地主は新聞社に池田の悪口を伝えたり、人を使って脅したり、さらには女中と一緒に歩いていたのを愛人と称して本店に伝えるなど多くの画策を行い、更迭を目論んだ。しかし、池田は断固として貸金を回収した。それでも、あまりの評判の悪さに閉口し、欧米視察を言い渡された時には安堵したそうだ。

池田成彬
出所：国立国会図書館ウェブサイト「近代日本人の肖像」

取り立てが厳しい話は、ほかにもある。鈴木商店の経営が悪化し貸金を引き上げていた時〔前56〕、鈴木商店の大番頭といわれた金子直吉が貸金の緩和を池田に願い出たが、決して同情せず、厳しく批判し、取り立てに拍車をかけている。これにより鈴木商店は廃業する。後に池田は「（銀行業は）借手から悪口をいわれる。政府からまで悪評をされる。割の合わない商売だと思う」と語っている。

◆銀行同士で協定を

池田は、銀行界の重鎮として、業界の取りまとめ役を果たしている。その一例が銀行間の金利協定であった。金利協定ができる前は、預金を集めようとする銀行が預金金利を引き上げるため、その他の銀行も追随せざるを得ず、小さな銀行が困ることがあった。また、有名な富豪の預金を年七分の高利で預かったり、一年の定期預金をしていながら、半年位経つと引き出そうとし、高い利息を付けさせることもあった。このため、池田は銀行間で金利協定を結ぶことを提唱し、日本銀行総裁の三島弥太郎の協力を仰いで実現にこぎつけた。金利協定は、戦後になると独占禁止法によって認められなくなるが、相互の立場を尊重したものだった。

この取り組みは、池田の海外視察の経験が役立っている。池田によると英国の銀行では、協定は無いものの、暗黙の了解で相互の銀行の立場を尊重していた。外国債券はロス・チャイルドが担当し〔53〕、手に負えない場合は、出入りのブローカーや小銀行に下請けに出し、五大銀行は扱わない。逆に国債は、英蘭銀行が中心となり五大銀行やロス・チャイルドに売り出し、地方債は取引きのある五大銀行が対応する。このように英国の銀行では、協定は無くとも相互が尊重し合う関係であった。

日本国内に目を転じると、台湾銀行が協定違反をしたことがある。年六分の利息の信託預金を始め、他行の預金が台湾銀行に流れたことがあったのだ。この時は池田が大蔵省に談判して止めさせた。

この時期、三井銀行は五大銀行（他に三菱銀行、安田銀行、住友銀行、第一銀行）の中で首位となり金融界での発言力は絶大となっていた。日本銀行からも自立し、銀行業界（その代表格である池田）から日本銀行に対し、注文することもあった。事実、一九一八年頃、第一次世界大戦後の異常な戦後景気が続いていた時、公定歩合を引き上げるよう提案している。結局、当時の大蔵大臣（蔵相）の高橋是清が認めず〔13〕、一九二七年の昭和金融恐慌を招いている。金融恐慌の遠因の一つには、関東大震災の際に応急的に発行した震災手形を回収できなかったことがあるが〔前53〕、この点について「いい加減に糊塗して、整理もしない」「ごまかしにごまかしを重ねてきたから、昭和になり、大恐慌というものがずっと続いた」と語っている。

◈金解禁とドル買い

関東大震災までの日本経済は上向きで、日本には在外資産もあり経済力もあった。本来であれば円が割高な時に金輸出を解禁して、通貨を減らし物価を下げればよかった。だが、当時の政府は銀行業界が公定歩合の引き上げを提唱しても受け入れず、結局、関東大震災で外債を借り、さらに一九二七年の昭和金融恐慌でも金融緩和を行った〔13〕〔前53、66〕。こうした政府の緩慢な取り組みは銀行界を率いる池田成彬にとって憂鬱であった。

池田成彬は、洋行の際に多くの銀行家と会っている。英国のミッドランド銀行のマッケンナ会長は「英国は金解禁を急いで失敗した」と述べ、日本が金解禁を急ぐことへ警告を発している。帰国すると蔵相の井上準之助に欧米では問題視していないことを報告するとともに〔14〕、マッケンナ会長の意見を添えている。

池田成彬が金解禁に賛成したのは、金本位制を推進することで日本産業を合理化し、景気を回復に導くと考えたからである。また、英国・米国の金本位制への信頼も高く、金融引き締めを基調とした金融政策を推進することで産業合理化を図り、生産原価を下げた。これによって日本経済の復活を期待した。

しかし、井上蔵相は、産業界の反対もあり改革を不十分のままにした。世界恐慌が深刻化し、英国が金輸出再禁止を行った時も、政府は金解禁政策を継続した。

英国の突然の金輸出再禁止で、三井銀行はロンドンにあった八千万円の資金が凍結された。ポンドをドルに転換することが困難となり、その手当てのために二一三五万ドルのドル為替を購入する。池田はこれが三井銀行のドル買いだと述べている。三井銀行のドル買いは、住友銀行・三井物産などと共に高額だったが、資金繰り改善を目的とした措置であった。しかし、このドル買いが多額の利益を得る行為とみなされ、池田は三井財閥総帥の団琢磨などと共に国賊と呼ばれることになる〔14〕。

◆財界の重鎮として

ドル買い事件は、三井財閥に悪影響を与えた。「ドル買いの利益で飢饉の窮民を救済しろ」とか、「一〇〇万の失業者を救済しろ」などと主張されたり、泥靴のままで玄関に踏み込まれたりした。電話も毎日かかり、出ると「国賊」と叫ばれ、切られた。暴力団も来るし、悪質の手紙も多く来た。三井財閥の総帥だった団琢磨は血盟団のテロに倒れると、池田が屋台骨を支えることになる。財閥の悪いイメージを払拭（ふっしょく）するため、三井報恩会の設立、三井系企業の株式公開、三井一一家当主の各社重役からの引退、社会事業への多額の寄付などを行った。

ドル買いで叩かれた一九三一年度の決算は赤字だった。大銀行が欠損を発表するのは前代未聞と、内部から批判もあった。しかし、「大銀行が小細工したという評判は受けたくない」と、決算の透明性を示し正々堂々とすべきだと押し切った。この時、池田は、三菱銀行会長の串田万蔵、住友銀行会長の八代則彦にも理解を得て、三行そろって損失を計上した。ちなみに、外国為替をやらない安田銀行と第一銀行は利益を計上している。そして、一九三六年五月、重役定年制を設け自身も勇退する。

その後、池田は日本銀行総裁となった。林銑十郎内閣のもと蔵相に招へいされ、日本銀行総裁との兼務を依頼されたが断った。その後、第一次近衛文麿内閣では蔵相となり、内閣改造を契機に商工大臣と兼務している。

池田は軍部や右翼から「財界はもちろん、元老を籠絡し、政党を操縦し、軍部を除いて天下を思う通りに動かしている」と睨まれた。暗殺の名簿にも入っていたという。三井家をはじめ三か所から防弾チョッキをもらった。ただし着用すると窮屈で、一度着ただけであった。阿部信行や米内光政が内閣総理大臣になる時に、池田も候補となっている。この時、近衛文麿や木戸幸一が「池田が今出たら殺される」と警告すると、西園寺公望は「殺されてもしょうがないじゃないか。一人ぐらい…」と答えたという。護衛は戦後の一九四五年一二月まで一五年間続いた。ホテルに宿泊する時は、巡査が入るため前の部屋を空け、風呂場でも外に立つありさまであった。散歩する時でも二〜三人が付き、まるで囚人のようだったという。黙して語らず。生前、池田の回顧録をまとめた元日本銀行理事の吉野俊彦は、「よく池田さんを口説き落としましたね。池田さんという人は自分を語ったり、手柄話をしたりすることのまったく無い人ですからね」と言われたという。

【参考文献】

吉野俊彦『歴代日本銀行総裁』（講談社学術文庫、二〇一四年）
池田成彬『財界回顧』（図書出版社、一九九〇年）
一木豊『蔵相―時代と決断―』（日本経済新聞社、一九八四年）

16

馬場　鍈一

（一八七九―一九三七）

「軍備は生産」と考えた一県一行主義生みの親

◆はじめに

一八九九（明治三二）年、東京帝国大学法科大学政治科入学。在学中は祖母が死んだ時に二日間欠席しただけで欠席はもちろん、遅刻も一日たりともなかったという。一九〇七年九月から法制局参事官、法制局長官、貴族院議員（生涯）、そして日本勧業銀行総裁となった。その後広田弘毅内閣の大蔵大臣（蔵相）として、「馬場財政・馬場税制」を展開する。前蔵相の高橋是清が二・二六事件で暗殺された後の登場となり、どうしても財政出動をせざるを得なかった。馬場財政は「準戦時財政」「革新財政」「ファシズム財政の原型」と評される。馬場が手がけた予算案は実現しなかったものの、提案された高所得者に対する負担強化、中央・地方を通じた財政調整制度、一県一行主義などは、その後の税財政改革や金融制度につながった。一九三七年六月に近衛文麿内閣の内務大臣となるが、在任中、志半ばで死去する。

◆日本勧業銀行総裁として

馬場鍈一が金融界に関わるようになったのは、一九二七年一〇月に日本勧業銀行総裁になってからのことである。当時は関東大震災後の金融恐慌の発生に加えて、食糧問題、農村振興、地方経済の活性化、自作農創立維持、震災復興など主として地方活性化が課題であった。総裁就任時は井上準之助蔵相によるデフレ政策が推進され、昭和恐慌にも直面した（14）。

当時の農村金融は、普通銀行や貯蓄銀行、あるいは頼母子などで、短期で金利は高かった。そのため、馬場は日本勧業銀行総裁として長期で低利な金融を目指した。もともと不動産担保の長期貸し付けができる金融機関は、日本勧業銀行と農工銀行しかなかった。不動産鑑定価格に対する貸出割合を拡張し、その上で手続きを簡素化し、貸付金を増大した。しかも、不採算的といわれた小口貸付や根抵当定期貸付制度（1）などを推進した。

◆蔵相の「白紙声明」

井上の後を受けた高橋の財政政策は、昭和恐慌で膨らんだ公債発行額を減らす取り組みが求められていた（13）。時局匡救（2）策や失業対策が功を奏して国民所得は増加していた。この時、それに応じた増税、新税が求められたはずなのに、高橋は増税しても軍事費に取られるとし、認めなかった。この状況を受けて馬場は蔵相に就任した。

蔵相に着任してすぐ、大蔵省地方局長全体会議の場で、「何時迄も糊塗的、弥縫的ないしは非常時なる赤字財政を継続していくことは決して富を得たものではない」「歳出の見透しをつけ、之に対する歳入計画を樹立し、財政の基礎を鞏固ならしめねばならぬ」と、語っている。要するに高橋が推進した不足分を公債拡大で補うのではなく、「増税を実施し、歳出に見合った歳入基盤を築くことが肝要である」と述べている。

馬場鍈一
出所：青木信光編『馬場鍈一傳』（故馬場鍈一氏記念会，1945年）

広田内閣は、①国防の充実、②教育刷新、③税制整備、④国民生活の安定、⑤産業振興、⑥対満重要策の確立、⑦行政機構の整備を、七大政綱として掲げた。馬場財政は、国策遂行のための財政整備を目指した。馬場は、国防費の充実のみならず、農山漁村の経済更生などを推進する以上、歳出増加は免れず、これを赤字財政のまま公債で補うという手法は望ましくないという立場だった。そのため、税制改革を実行し財政を強固にしようとしたのである。具体的には、負担の均衡と租税収入の増加を図るとともに、国や地方を通じて租税制度の根本的改革を目指したのである。

馬場は、新聞の取材にも金融界の状況に即して適当な通貨政策、低金利政策、公債政策の推進を述べている。金融政策では「会社の借入金や社債、農民や一般国民の金利負担を軽減すべき」とし、公債政策としては、「公債漸減であれば良いが、難しい時には、財政信用の維持は必要」と述べている。とりわけ、農村においては日本勧業銀行、農工銀行、信用組合などが協力する必要を説いている。ただ、当時はこうした発言に対し根拠が無いと、「白紙声明」とも揶揄された。

◆電光石火の低金利政策

馬場蔵相は「産業貿易の健全なる発展を図ると共に、他面に於て国民債務負担の軽減を図り、兼て国民生活の安定に資せん」ため低金利政策を遂行した。国債の利率をはじめとして、米穀証券の割引日歩、預金の利子の引き下げ、公定歩合の引下げを矢継ぎ早に打ち出した。市中銀行も利下げに追随し、定期預金などの金利引き下げが行われた。また、農村には利潤を伴わない農村金融を目指す必要性を唱えている。この電光石火の低金利政策に「報知新聞」では、「利下げから借換へと、息もつかせぬ猛打を浴せられて、さすがの財界寂として声なし」と、記している。

また、普通銀行に対しては多数の銀行が並立していてはかえって破綻を招くとし、普通銀行を統制するためには一県一行が適当であると、銀行の合同、集中を推進する。馬場は銀行合同を推進する立場から、「地方銀行の破綻が如何に預金者に迷惑を及ぼし、また経済界に打撃を与え、如何に惨憺たる結果を招来したか」「地方銀行は宜しく、小我を捨てて大我に生くるの心持を以て、国策に順応せられんこと」と、述べている。この一県一行主義は終戦直前にほぼ全国で実現し、戦後においても維持されていくことになる。

昭和一一年度の予算は生前の高橋蔵相が固めた予算案に基づき作成しているが、この時の財政経済方針の説明において、国民負担の不均衡を是正した税制改革の方向性を示唆するとともに、低金利政策と公債政策の遂行、満州国への投資なども示唆した。当時の国会では、馬場自身が財政に詳しいため、ほとんど馬場自身が答弁していたという。

◈税制改革と昭和一二年度予算案

馬場は税制改革として、「地方と中央」「動産と不動産」「法人と個人」について負担の不均衡を是正することを目指した。既存の国税からの増税だけでなく、所得税をはじめとした財産税、取引税、有価証券移転税などの新税を設定するとともに、アルコール専売などを計画している。地域的、階層的な税負担の不均衡を是正し、農村負担を軽減するために、地租改正や地方税を整理し、国税から地方財政調整交付金を支出する地方財政調整制度を導入することが提案された。また、営業収益税、酒税、織物消費税、砂糖消費税、取引所税、鉱業税、印紙税などの増税が提案されている。

昭和一二年度予算案では陸軍、海軍だけでなく、これまで抑え込まれていた治山治水や道路に関する諸経費に加え、産業振興、科学奨励の諸経費など他省も予算増を要求してきた。この膨張分を増税で応えようとしたのである。昭和一二年度予算は、一般会計歳出三〇億三八五八万円で、前年度実行予算を七億二七〇六万円上回る大膨張となり、新規増加分一〇億六八〇九万円のうち六億九二二〇万円が陸・海軍省分であった。歳入では、新設を含む税制改革によって四億円あまりの増収を図るとともに、関税引き上げ、たばこと郵便料金の値上げ、郵便貯金利下げなどの措置が取られた。さらに、不足分は昭和一一年度は六億八〇〇〇万円だった公債発行額を二一億三千万円まで膨らませて補った。

◆馬場財政の特質

馬場は「軍備もひとつの生産ではないか」という立場から、軍備増強も景気浮揚策の一つとして見ていた。実際、予算編成にあたり記者に対し「産業貿易といっても、その背後にある軍備の睨みがあってこそ」と語っている。また、銀行破綻を防ぐために一県一行主義や、庶民階級、生活保護の手段として庶民金庫や恩給金庫設立の構想を提示した。その意味では、地方財政調整制度などをはじめとして、戦後の日本経済を支える制度も提起されたといえるだろう。

結局、馬場蔵相の手による昭和一二年度予算案は日の目を見ることは無かった。第七〇回帝国議会において、立憲政友会の浜田国松が二・二六事件以降の軍部の干渉を痛烈に批判した際、陸軍大臣寺内寿一が「軍部をいささか侮辱してはいまいか」と反論したのを受け、浜田議員は「（発言には注意している。）速記録を調べて僕が軍隊を侮辱した言葉があったら割腹して君に謝する。無かったら君が割腹せよ」と主張した。このやりとりを「腹切り問答」という。結局、翌日から議会は停会する。寺内陸相は議会解散か自身の辞職をほのめかしたため、閣内不統一を理由に広田内閣は一九三七年一月に総辞職する。

辞職後、馬場は「とにかく晴れやかになった、熱海へチョクチョク出かけるヨ」と語ったという。結局、次の結城豊太郎蔵相によって予算案は大幅に修正された。軍部の増額分だけが残り、他省の増額分は抑え込まれ、かえって軍事費偏重の予算になった。そして、軍事費主導型財政や税制改革は財政路線になっていく。

馬場財政は、慢性的な財政赤字を公債で補うだけではなく、税制改革を推進し財源を確保しようとした。税制改革の骨子も国民負担の均衡を図ろうとし、資産課税を強化しながら農村負担の軽減を目指した。しかし、この改革を推進するために標榜した「挙国一致」「国策」「躍進日本の一層の伸長発展のため」という言葉に国会や国民はだまされていなかった。

昭和一二年度予算について、休会明けの衆議院で行われた馬場の財政演説の様子を「報知新聞」は「演説が『国民生活の安定』『財政強化』云々に触れるや議場から『ウソをいふナ』『とんでもない』などと鋭い罵詈が起り、高橋蔵相当時とは議場の空気が全く一変してゐる」と記している。「都新聞」は「蔵相に不安」と題し、「馬場蔵相の財政方針に、不安を抱く世間の空気は、議会にも当然反映して、種々痛切なる質問が蔵相に浴せかけられてゐるが、何故に蔵相の方針を不安視するかと云へば、要は蔵相が軍部から全面的に引摺られて、健全なる財政々策を遂行し得ざるべしとする点にある。高橋前蔵相の財政方針に、兎角の批評ありとしても、国民が之に多大の信頼を払ひたるは、同氏の声望と達識とを以て、よく軍部の無理なる要求を抑へ得べしと期待したからである。前蔵相に較べて現蔵相の人的信用の劣ることは、如何ともし難き弱点である」と述べている。

【注】

（1）不動産を担保として相当額を差し出すもの。農家が季節的に必要な資金や肥料資金、労賃などの資金調達にも有益であった。

（2）一九三二～三四年に日本で実施された景気対策を目的とした公共事業。

【参考文献】

青木信光編『馬場鍈一傳』（故馬場鍈一氏記念会編、一九四五年）
林健久「ファシズム財政の原型―馬場鍈一蔵相論―」『ファシズム期の国家と社会２』（東京大学社会科学研究所編、一九七九年）

17 渋沢 敬三

（一八九六―一九六三）

民俗学を崇敬し、戦後復興担った異色金融人

◆はじめに

一九二一（大正一〇）年東京帝国大学経済学部卒業後、横浜正金銀行に入行。その後、祖父渋沢栄一が頭取を務めていた第一銀行に入行、取締役・副頭取を歴任。一九四二（昭和一七）年に日本銀行副総裁に転出し、二年後に第一六代総裁に昇任した。第二次世界大戦直後、一九四五年一〇月に幣原喜重郎内閣の大蔵大臣となり、戦後財政の処理にあたった。その後も国際商業会議所国内委員会会長・金融制度調査会会長などの要職を務めた。戦前にアチック・ミュージアムを主宰し、若い研究者を支援し、民具の収集、民俗学の研究を行ったほか、「これぞ」という学者を支援した。マルクス経済学者としても知られ、治安維持法で起訴された大内兵衛を戦争末期に調査局の顧問にする。一九六三年、六七歳で死去した。

◆渋沢栄一の孫

渋沢栄一といえば、日本資本主義の父といわれ、NHK大河ドラマの主人公にもなった。渋沢財閥を形成し、新紙幣の肖像にも選ばれた。誰でも知っている人物である〔4〕。ただ、その孫となるとあまり知る人はいないだろう。

渋沢敬三は一八九六（明治二九）年、篤二・敦子の長男として東京深川に生まれた。祖父の栄一の好きな言葉が「篤」と「敬」であったことから一字をもらい、また「栄一」「篤二」に次ぐことから「三」をもらい、敬三と名付けた。

渋沢敬三が日本銀行総裁に着任したのは、一九四四年三月であった。一九四二年三月に日本銀行副総裁に転任して、わずか二年のことである。民間金融界と連携を深めることを目的とした登用であった。

一九四一年一二月に始まった太平洋戦争は泥沼化していた。日本銀行の貸出金は、戦時体制下のもと大膨張を遂げており、戦時金融公庫[1]に多額な貸し出しを行うようになっていた。本来は戦時金融債券発行までのつなぎ資金目的の貸し出しであったが、一九四五年になると返済が滞り、一方的に貸し出しを行うようになっていた。また、軍需融資に必要な資金を民間で調達できなくなると、日本銀行が無制限に貸し出した。要するに、この頃は軍需生産を円滑に行うために、通貨の安定よりも資金調達面の弊害を無くすことを優先していたのである。

また、空襲などによって戦災が生じた場合、すべての金融機関の預貯金や保険会社の保険金について日本銀行が支払い保証を行った。戦災などで途方に暮れる市民を想定し、経済面で支えようとしたのである。さらに、国債の日本銀行引き受けは巨額で〔13〕、日本は戦費を租税ではなく公債によって賄った。租税収入三割、公債収入七割という異常な事態になっている。国債の総額は、一九三七年六月末では一〇五億円余りだったのが、一九四一年末には三七三億円にまで達している。日本銀行は、その国債発行高の四分の三以上を引き受けた。第一三代日本銀行総裁の深井英五は、「普通銀行から転じて日本銀行総裁に就任した渋沢敬三は、通貨の価値、通貨に対する信用を維持するという発券銀行の重要な役割を全然理解せず、発券銀行という資力を利用して金融流通の利便を図ればよいと考えているように、軍部や事業界の要望と合致し、なすがままに資金軽視、融通放漫の状態とし、それに加えて軍事費支出と物資欠乏でインフレーションの流れに拍車をかけた」と、渋沢の政策を厳しく

渋沢敬三
出所：日本銀行提供

批判した。批判はもっともだが、戦時体制下に日本銀行として一体何ができたのだろうか。国民が死と背中合わせで必勝を掲げるなか、渋沢が採るべき現実的な選択は限られていたといって過言ではないだろう。

◆田中啓文コレクションの収集

そんななか、渋沢が日本銀行総裁時に行った彼ならではの仕事がある。それは、田中啓文が収集した銭幣館のコレクションを一括して日本銀行が受け入れたことである。この銭幣館コレクションとは世界でも有数といわれ、東洋貨幣では随一といわれた。日本銀行が受け入れたのは一九四四年のことであり、空襲もあり、金属供出の時期でありながら、将来を見越して貴重な文化財として受け入れた。これは、渋沢が日本銀行総裁でなければあり得なかったことではないか。たとえ、国土が焦土に化したとしても、人類の財産は未来へ遺していくべきだと判断したのだろう。これらの貴重な文化財は、日本銀行金融研究所貨幣博物館に所蔵される資料群の一つの柱となっている。

◆終戦の訓示

ポツダム宣言を受諾した半月後の一九四五年九月三日、渋沢は日本銀行で訓示を行った。この時の訓示もユニークである。日本銀行の役割として「通貨、産業転換処理、復興、賠償等、何れも中央銀行として責任を以て政府の施策と相応じ実践を要する問題」であると課題を示しつつ、自身の考えを述べている。

「……我々は最初から農に生れ農に死ぬべき一個の人間であることを忘れてはなりませぬ。学者も政治家も銀行員も会社員も男も女も皆まず第一に『人』であるとともに農人たるべきであります。皆様も菜園を営んでおられるでしょうが、配給が少いから作付する底のさもしい農ではありません。たとえ一坪半坪であろうとも、国民として一個の農人として立つ意気であります。自分はブレインワーカーだから、食物は農家に作らすというのでは断じていけません。…本行としても何とかして少しでも土地を持ち諸君全員交替して農耕するようにしたいと考えております。昔は逗子に行き海水浴等を呑気にしていた。これからは体育は農耕によって補われるべきであります。今まで銀行員と言えば日に当らぬ華奢な人が多くそれで通っておりました。今後はそれではなりません。お互に土に親しみ真黒になって強壮強健な、しかも知性に満ちた日本銀行員を作っていこうではありませんか。（後略）」

渋沢は、生涯のほとんどを金融業界の中で歩んだ人物だが、人々の生活に密着した民俗学に崇敬の念を抱いていた。庶民の生活を大事にし、農林水産業として生産する人々の営みを大事にしている。渋沢が大事にした民俗の世界には、米作りをする人、魚を獲る人、塩を作る人、材木を伐採する人が登場する。生産者以外にも物を運ぶ人はいるが、お金を運用して利益を得る人は登場しない。渋沢の考える人間の本質は、自然と対話する人々であったに違いない。焦土と化した時だからこそ、原点に返るべしと訴えたのである。

◈戦後復興を支える

一九四五年一〇月、渋沢は日本銀行総裁を辞め、幣原喜重郎内閣のもと大蔵大臣に着任する。敗戦の焦土のなか、日本は立ち直らなければならなかった。しかし、その前に敗戦国として諸外国からの賠償を支払う必要があり、GHQの命令に従わなければならなかった。特に、日本に対する占領政策の中心は、非軍事化と民主化であった。経済復興は対象外であった。

GHQが推進する財閥解体に対し、当時の吉田茂外務大臣が、外国人記者との会見で、「日本の今までの経済機構は旧財閥の三井、三菱によって樹立された。旧財閥を解体することは国民の利益になるかは疑問である。むしろ、新興財閥こそが軍閥と提携し利益を得ていた」と述べ物議を醸した時、渋沢は大蔵大臣として「連合国の財閥改組の方針について政府は反対意見を有するものではない」と声明を発して火消しに走っている。財閥出身でありながら渋沢は「GHQ寄りだ」と揶揄(やゆ)されるものの、意にも介さず、巨大な邸宅も財産税として国庫に差し出した。

◆ハイパーインフレの火消しに走る

渋沢は、生産こそが根本であり、金融はあくまでも補助手段であるという立場に立っていた。よってインフレ防止のための貯蓄奨励、公債消化、資金調整など生産を阻害する主張に対しては批判的であった。そして戦前のインフレは各方面全体の責任であり、当局者（日本銀行）だけの問題ではないという立場であった。臨時軍事費特別会計の対民間支払い超過は、終戦直前の四五年四月から七月まで一〇一億円だったが、八月から一一月までは、二六五億円を超えていた。日本銀行券も大増発を行い終戦当日の日本銀行券発行残高は三〇二億円だったのが、わずか一週間程度が経過した八月末までに四二三億円を超えるまで発行した。これでインフレが起きないわけがなかった。

そんななか、政府がとった方法が新円切り替えであり、預金封鎖であった。一九四六年二月、旧紙幣を二月末までにすべて金融機関に預けさせて預金封鎖し、三月から世帯主は三〇〇円、家族は一〇〇円に限り新円で引き出せるようにしたのである。月給も五〇〇円までは新円で支払うが、それ以上は強制的に預金封鎖させられた。これにより市場に出回る貨幣の量を減らし、インフレーションを抑え込もうとしたのである〔34〕。

この政策で一時的に小康状態を保つことはできたが、占領軍に対する経費や価格調整費、生産復興費と財政支出が膨張し、結局、抜本的な解決には至らなかった。

◆渋沢敬三だからこそ

渋沢の仕事は敗戦国としての日本を立ち直らせることであった。それは世界に対し、暴力に依存せず自立した日本の姿を見せることであった。「金よりも人を大切にする」という人間としての本質を逆に見つめることで、渋沢は戦中戦後の支柱としての役割を果たしたといえるだろう。渋沢が大蔵大臣に着任した時にも、緊縮財政を基調としながらも「生産の誘い水的な資金や文化的資金などは重点的に」と述べている。

政界から離れた一九五三年の新聞のインタビューでは、財界に対し「日本人に共通する『記憶の惰性』から新しい時代へのフミ切りが足りない」と批判している。インテリの弱さ、七光りといわれることもあるが、歴史を知っている渋沢ならではの発言といえるだろう。

生物学者を夢見て、祖父栄一と半年間も揉め、頼み込まれて経済学部に進学したという。物置きには、郷土玩具や化石の標本があり、「アチック・ミュージアム（屋根裏博物館）」をつくった。戦争時代には特別高等警察から「アチックという外人がいるのか」と言われ「常民文化研究所」と改名する。研究所は現在、神奈川大学の附設研究所となっている。

「他人の喜びを喜び合える」のが仲間という。晩年朝日賞を受賞した時も、「今度の受賞も、民具提供者の農民や漁民の代表という気持ち」と語る。渋沢は民俗学に対して立派な業績を残しただけでなく、宮本常一をはじめとして多くの研究者を育成した。渋沢は自身がやりたかったこと、解明したかったことを、彼らに託したのかもしれない。本来やりたかったことを我慢し、晩年に至るまで経済界に身を置き続けた彼の生涯こそ、彼が自分自身に課した贖罪だったのかもしれない。渋沢敬三は、これまで取り上げてきた「金融家」とは、まったく異色の人物だ。だが一人くらい、そんな人物がいても良い。彼は戦時期、復興期の「ど真ん中」の金融を確かに担った人物なのである。

【注】

（1）　一九四二年に発足した軍需などの生産力増強、戦時下における企業の金融支援を目的に設立された金融機関。

【参考文献】

一木豊『蔵相―時代と決断―』（日本経済新聞社、一九八四年）
吉野俊彦『歴代日本銀行総裁論』（講談社学術文庫、二〇一四年）
「訓示日本銀行にて」『渋沢敬三著作集第五巻』（平凡社、一九九三年）
渋沢敬三伝記編纂刊行会編『渋沢敬三（上・下）』（一九七九～一九八一年）

18 一万田尚登（一八九三―一九八四）

GHQ・政府から日本銀行の独立守った〝法王〟

◆はじめに

一八九三（明治二六）年、大分県大分郡野津原村（現・大分市）に生まれた。東京帝国大学法科大学卒後、日本銀行に入行する。京都支店長・考査局などを経て一九四四（昭和一九）年理事に昇任、翌年大阪支店長となる。終戦後に新木栄吉第一七代日本銀行総裁をはじめ副総裁、理事のほとんどが公職追放されたため、一九四六年六月、大阪支店長から第一八代総裁に就任した。以後、八年六か月の長期にわたり総裁に在任する。

当時は戦後復興期でハイパーインフレ、経済復興など多くの諸問題に立ち向かった。また、GHQの間接統治のもとで政策を推進しなければならなかった。一万田は日本銀行総裁として市中銀行のみならず、産業界にも影響を与え、法王と称された。法王というと独裁者の印象が強いが、他人の話をよく聞いたという。戦後の混乱期、日本銀行が中央銀行の中立性を維持し続けることができたのも、法王として一万田が強く牽引したからにほかならない。

◆子どもの頃

一万田は地主の家に生まれたとは言うものの、現代の我々が想像するほどには豊かではなかった。麦飯に味噌を付けて食べるのが常食だった。雨の日には裸足で学校まで行き、玄関で足を洗った。普段は草履をはいて通学するのだが、下男が夜なべをして作った草履なので、大切に使った。こうした生活は、一万田の健康と生涯の頑張り精神を培うことになる。

豊臣秀吉の伝記を多く読んだ。秀吉が好きな理由は屈託なく、常に細心で、自己のことに全力を注いだ人物だからである。草履取りの時には天下一の草履取りに、足軽時代には日本一の足軽になると考えていた。織田信長のように武力を用いることを好まず、常に和平の気持ちであたったということも気に入っていた。秀吉のことは現在の学界の評価といささか違うが、一万田はこうした人物像に共感を持っていたということだ。

◆井上準之助から得た教訓

出身地である大分県では、多くの銀行家を生んだ。その一人が金解禁を実行した井上準之助である(14)。一万田は日本銀行に入行すると、秘書として井上のもとで仕事をしたが、その時、井上が大倉高等商業学校（現・東京経済大学）で卒業式の祝辞を述べる草案を書かされた。草案を持参し、一万田が「悪いところがあればすぐに訂正します」と答えたところ、井上からゆっくりした口調で「一万田君。いやしくも男が一ぺん所信をもって書いたものを、そうやすやすと変えてはいかん」と語ったという。確かに井上は、その後、命を賭して金解禁政策を推進した。一万田にとって、井上のこの言葉は強烈で、その後の行動、態度を強く支配したという。

一万田尚登

出所：国立国会図書館ウェブサイト「近代日本人の肖像」

◆一つの経験

一九二三年から一九二六年まで、日本銀行ロンドン代理店監督役付としてベルリンに駐在した。ここで有名なドイツのハイパーインフレの現実と収束の様子を目の当たりにした。

第一次世界大戦後のドイツのハイパーインフレは、リヤカー一台分のお札を給料としてもらっても、すぐに紙くず同様になってしまう。パン一個が一兆マルクともいわれた。一〇〇兆マルク紙幣を発行し、「紙屑マルク」などともいわれた。それが新たにレンテン・マルクを発行し、旧一兆マルクと交換することで事態を収束する。これをレンテン・マルクの奇跡という。

一万田はこの事態を目の当たりにして「私が一番感じたことは、当時においても経済を再建するにはやはり現在の日本と同様で、まず通貨安定ということに全力をあげるということである」と、日本における戦後直後のハイパーインフレと重ね合わせて述べている。ドイツは総発行量を二四億レンテン・マルクに設定したが、実際は二〇億マルクしか発行せず、そのうち半分を財政資金とし、半分を産業資金に充てた。政府は農業資金が必要なので発行の増大を要求したが、シャハト総裁は断じて受け付けなかった。ドイツ国民は耐乏生活を強いられたが、レンテン・マルクの信用が高まり、外貨（ポンド）が蓄積されたことで、通貨安定を実現したと評価している。このように、ドイツがハイパーインフレから脱したのは「ドイツがレンテン・マルクの発行量を法律で決め、しかもシャハト総裁が政府の圧迫にも断じて通貨発行量を譲らなかったからである」と、述べている。

金融危機にあたり、政府の圧力に屈せず、毅然とした姿勢で臨んだライヒスバンク（ドイツ帝国銀行とも呼ばれる中央銀行）総裁シャハトの働きを目の当たりにし、「シャハトが国家のため最善と思うところから断じて一歩もひかず、己れの信念に忠実であったということは、今も私の印象に非常に強く彫み込まれている」と述べている。中央銀行総裁は、政府の圧力に屈すること無く、強い意志を持つ重要性を一万田は学んだのである。

◆ぺんぺん草を生やしてみせる

日本銀行総裁といわれれば聞こえは良いが、戦後直後の混乱期である。まず、一万田は当時顕在化していたインフレの猛威から逃れることに注力する。通貨発行の制限や市中銀行の貸出制限を行い、融資規制を行った。さらに通貨安定対策本部を設置して貯蓄奨励運動を展開する(46)。

一九四七年になると、重要産業に重点的に投資する傾斜生産方式に応じて金融優遇措置を推進した(19)。ただ、資金は十分ではなく、市中銀行は日本銀行の推薦が無ければ融資できない状態であった。このため、重点産業とされた鉄鋼、石炭、化学、造船などの企業の代表が日参し融資を要請した。民間資本が不足し、オーバーローンが著しかったため、銀行に対して強い発言力を持ち、さらに市中銀行を通じて産業界にまで大きな影響力を持っていた。川崎製鉄が千葉製鉄所を建設した時には、緊縮財政の時期にもかかわらず建設を強行したことが不満で「ぺんぺん草を生やしてみせる」と言い放ったという。

◈GHQにも抗って

ＧＨＱ特別顧問のジョセフ・ドッジによるドッジ・ラインで超均衡予算を組んだ時には、「せっかく復興を始めた産業界がだめになる」と、一万田はＧＨＱの十分な了解を得ずに、ディスインフレーション政策(ドッジが推進したインフレの収束は反対しないが、急速なデフレにならないようにする措置)を推進した(22)。ドッジ・ラインが実施されたことで、通貨価値は安定し、金利の調整機能が回復すれば、預貯金も増加すると判断していた。資金量の調整に重点を置く通貨政策から、資金をいかに有効・適切に需要する方面に流すかという金融政策に転換すべきだとし、予算の黒字分を限度に日本銀行の融資分などに充てた。

これにはＧＨＱからも睨まれた。この時、財界から融資の陳情は多くあり、恐慌に陥る予兆が見られていた。このままでは日本経済は困ったことになる。そんな風に思っていた時、朝鮮戦争が勃発(一九五〇年六月)し、一挙に景気は好転した。

◆日本銀行改組問題

同じ時期、日本銀行は大きな岐路に立たされていた。ＧＨＱがとった日本への占領政策の基調は非軍事化と民主化である。財閥やカルテルなど独占による経済活動を否定し、競争による経済活性化を目指した。独占禁止法、過度経済力集中排除法、財閥解体などの一連の取り組みがひと段落し、残されたのは日本銀行だった。

一万田総裁がＧＨＱのもとに行くと、「集中排除は一段落したが、あと一つだけ残っている」「日本銀行がただ一つの中央銀行として市中銀行に君臨しているのは良くない」と、指摘される。アメリカには一二の州に、それぞれ日本銀行に相当する連邦準備銀行があり、その上に全体の最高決定機関である連邦準備制度理事会（ＦＲＢ）がある。日本銀行の場合、政策決定も執行も一体化しており、金融独裁になりかねないと指摘した。一万田は、米国と日本とは国情も面積も違うとし強硬に反対した〔22〕。さらに、「欧州では中央銀行は一つしかなく、むしろ米国こそが例外である」と主張した。譲るわけにはいかず、ドッジとも相当議論した。その結果、得られた言葉は「一万田さん、あなたは頑固だ」だったという。

結局、日本銀行内に政策委員会を設置することで折り合いをつけることになる。ただ、この時も、ＧＨＱにいわせると、政策委員会こそが最高機関であり、費用も国が負担し日本銀行から離れて独立した組織とすること。そして、日本銀行は決められたことを忠実に執行する機関であることを要求している。一万田は強く反対し、結局、政策委員会の設置は認めるとしても、日本銀行の中に設置し、費用も日本銀行が負担することで落ち着いた。

◆日本銀行の自立性、独立性を強く意識する

一万田は、日本銀行に対し中央銀行として独立性を強く求めた。だから、例えば日本銀行総裁の専管事項である公定歩合について各所で評論することを強く批判した。他方で、大蔵省や経済企画庁、国会、国民に理解を求める努力も必要だと指摘する。日本銀行の独立性が当然であると、ただ漫然と主張するのではなく、日本銀行への理解があっ

てこそ独立性が維持できるということだ。戦後の混乱期の中、政府からのインディペンデンスを保つことができたのも、法王といわれた一万田の強さがあったからである。その後、一九五四年一二月に鳩山一郎内閣のもと、大蔵大臣に就任して政界に入る。その後、衆議院議員にもなり、一九七〇年に政界を引退する。

【参考文献】

吉野俊彦「一万田尚登論」『歴代日本銀行総裁論』（講談社学術文庫、二〇一四年）

19　有沢 広巳（一八九六―一九八八）

経済政策立案で戦後復興に貢献

◆はじめに

有沢広巳は戦前、戦後の経済学者・統計学者として知られる。一八九六（明治二九）年二月、高知市に生まれる。一九二二（大正一一）年に東京大学経済学部を卒業、一九二四年に同助教授に着任する。その後、ドイツに留学、ワイマール共和制に感銘を受ける。一九三八（昭和一三）年二月、大内兵衛・脇村義太郎らと治安維持法違反に問われ休職、一審で有罪となったが、二審で無罪となった。戦時中、秋丸機関（陸軍省戦争経済研究班）に所属し、終戦後、東大教授として復職する。

「ダグラス＝有沢の法則」というのがある。これは、世帯主の収入が高いほど、配偶者が職を持たないという法則のことで「夫の収入が高いと妻は働かない」ことを実証的に明らかにしたものである。社会状況が異なるので、現在も適当とは言い難いが、当時は有効な理論だったのだろう。高知県出身というつながりで、吉田茂とも親しかった。多方面の経済政策立案にあたり、官庁統計の再建、失業対策事業、原子力政策、エネルギー革命による炭鉱閉山対策などに多大な貢献をした。「人とケンカをしない」を処世訓とし、太っ腹で親分肌のところがあり、いざこざや大勢の人を使いこなすことには優れていたという。マルクス経済学については「経済分析の科学的手段ぐらいに考えている」と述べている。

◆秋丸機関へ

有沢は、人民戦線事件[1]において治安維持法違反で起訴保釈中の時に、秋丸機関への参加を要請された。秋丸機関とは、総力戦の一つとして経済戦の調査研究の必要性から組織された、軍医部の石井細菌部隊に匹敵する経済謀略機関である。陸軍省は関東軍で満州国の経済建設に関わっていた秋丸次朗を呼び寄せた。彼は満鉄経済調査会（満鉄調査部）と密接な関わりがあり、岸信介や椎名悦三郎などといった日本から満州国へ派遣されていた革新官僚たちとも人脈があった。陸軍でも、満鉄調査部のような経済謀略機関を組織する必要があったのである。

秋丸は、「敵を知り己を知れば百戦あやうからず」という立場から、「戦争経済＝経済戦力を測定し、その優劣を比較検討する」必要を感じていた。このため多彩な人材を集めることになるが、統計学者である有沢に白羽の矢が立ったのである。秋丸は有沢と面談し、「軍が世界情勢を判断する基礎資料とするもので、科学的客観的な調査結果が必要……先生の協力をお願いします」と要請したところ、有沢は自身の起訴保釈中の身分を前提として協力を受託した。

有沢広巳
出所：国立国会図書館ウェブサイト「近代日本人の肖像」

◆「報告書」の作成

秋丸機関では有沢は英米班に所属した。一九四一年九月に報告書は完成した。有沢は、その内容について、以下のように回顧している。

「日本班の中間報告では、日本の生産力はもうこれ以上増加する可能性はないということだった。軍の動員と労働力との間の矛盾がはっきりと出てきていた。ドイツ班の中間報告もドイツの戦力は今が峠であるということだった。ぼくたちの英米班の暫定報告は九月下旬にできあがった。日本が約50パーセントの国民消費の切下げに対し、アメリカは15～20パーセントの切下げで、その当時の連合国に対する物資補給を除いて、約350億ドルの実質戦費をまかなうことができ、それは日本の7・5倍にあたること、そしてそれでもってアメリカの戦争経済の構造にはさしたる欠陥はみられない…といった内容であった。それを数字を入れて図表の形で説明できるようにあらわした。秋丸中佐はわれわれの説明をきいて、たいへんよくできたと喜んでくれた」

同報告書を巡る回顧は人によって若干食い違うが、おおよそ変わらないようである。九月末に開かれた報告会を聞いた杉山元参謀総長は「報告書の調査およびその推論の方法はおおむね完璧で間然するところがない。しかしその結論は国策に反する、したがって、本報告の謄写本は全部ただちにこれを焼却せよ」と、述べたという。ただ、これは事実とは少し違うようである。何より「報告書」は現存している。そして、有沢たちが提出した報告書の内容は極秘事項でもなく、当時の経済学者であれば、いわば常識的な結論だったのである。

有沢たちの秋丸機関では、経済分析の結果、日本の現状、圧倒的な米国との国力の差、同盟国ドイツの限界、これらを報告書で実証してみせたが、結局、日本は戦争への道を突き進んでいく。敵を知り、己を知ったものの、結局は、国策に反する（都合が悪い）ためその対策を講じることはしなかった。一九四一年五月には世界経済調査会が発足し、次第に秋丸機関の役割も失われ、一九四二年一二月には解散している。渋谷区初台の有沢の自宅も一九四五年五月の空襲で焼け、蔵書や資料は全て失われたという。

◆傾斜生産への提言

有沢は戦後の日本について、「日本はどうしても自主的に自力で立ち上がらなければならない」と考えていた。計画経済には批判的だったが、「政府が引っ張っていかなければダメだ。それを計画的に進めることが大事だ」と説き、混乱した日本の経済情勢においては政策の方向付けが必要と主張する。

吉田茂は学者たちを集める食事会が好きだった。政治家と話をするより、学者たちと話をする方が楽しかったようである。その食事会の席上、有沢は「このままだと日本経済は縮小再生産に落ちていく。何とか拡大再生産の方向にもってゆかなければならない」と主張した。ちょうど、戦後復興で伸びつつあった鉱工業生産は、一九四六年秋から再び下降しはじめていた。生産財部門の生産を増やして経済規模を拡大すべきと主張したのである。

この昼食会の話をもとに発足したのが吉田首相の非公式な相談機関、石炭委員会であった。これに有沢をはじめ、大来佐武郎、吉野俊彦（日本銀行）などが加わり方策を練ることになる。

その具体策が、傾斜生産方式であり、当時最大のエネルギーだった石炭の増産であった。三〇〇〇万トンまで石炭を出炭できれば、産業用炭は七二％に増え、国内産業用に出回るようになる。そうすれば、生産水準も七〇％にまで引き上げられ、戦前の五〇％の水準にまで戻ると考えた。当時の生産目標は二七〇〇万トンであったが、有沢は傾斜的にあらゆる努力を注がなければいけない、と主張した。炭鉱を整備するために鋼材を求めようとしても、高炉の操業率が三％も満たない状況だった。このため、鉄鋼業へ注力する必要があった。さらに電力、肥料などの基礎資材（重要産業）の増産を重点化する経済政策＝傾斜生産方式を提案したのである。

この結果、一定度の生産は回復した。ただ、生産コストと販売価格に大きな差が出てしまった。これを価格差補給金として政府が補うことにしたのである。例えば、銑鉄を例にすると一トンあたり一万三五九〇円の生産費がかかり、需要者に対し二六〇〇円で販売すれば、その差額の九九九〇円を補給金として政府が保証する。このように米国の援助物資と政府の優遇措置によって何とか生産を上向かせたのだが、このことはドッジに竹馬経済の一つとやり玉にあげられることになる〔35〕。

また、重要産業（石炭、鉄鋼、肥料、電力、海運）に対する設備投資資金は、大部分は復興金融金庫に委ねられていた。もともと復興金融金庫には資金が無かったので、復興金融債を発行し、その大部分を日本銀行に引き受けさせていた。このため、復興金融債を発行することは、日本銀行券を増発し、赤字公債を増発し「復金インフレ」の原因にもなった。この復興金融債もドッジによって止められた〔22、36〕。

有沢は当時のインフレについても考えていた。しかし、その前に、是が非でも拡大再生産の方向にもっていくために、生産規模を拡大する必要があったのである。有沢はせめて戦前の六割の水準にまで達成することを目標としていた。そこまでいけば一挙安定（単一為替レートや財政引き締めなど）を実行しようと考えていた。一挙安定を推進すれば、必ず安定恐慌を招き生産は半分程度にまで落ち込むことは予想できた。ただ、戦前水準の三割を維持できれば何とかなると考えたのである。結局、ドッジが来日したことで有沢の考えは受け入れられなかった。ドッジにより一挙安定が実行されたのである〔22〕。

◆ドッジ・ラインのもとで

戦中から戦後にかけての有沢は日本経済の見方について、再生産論の立場から捉えていた。有沢は「戦争経済というものは再生産の観点からいって膨大な消費経済だから、再生産過程は次第に縮小の過程をとっていかざるをえない。したがって、物価の問題にしても、経済戦力の問題にしても、この縮小過程の問題として起こらざるをえない」「戦後もその観点から経済再建をしなければという考え方を持っていた」と、述べている。縮小再生産に陥らず、拡大再生産になるためにはどうすべきかという立場で、エネルギーである石炭を集中的に増産するようにしたのである。特定の物資生産に国家が注力していく考え方は、生活必需物資など他のあらゆるものを犠牲にして軍需生産を優先した戦時中の物資動員計画を平和産業へ焼き直したもの、という指摘もある。

ドッジが来日した後、有沢は九州の三池炭鉱を視察した。安定恐慌により石炭の需要は伸びず、大量の石炭の山ができていた。ただ、このあと朝鮮戦争が始まると、いくら作っても売れるようになったという。

有沢はその後も多くの経済政策に携わった。特に石炭や原子力のエネルギー政策には深く関わった。一九五六年に発足した原子力委員会委員として、原子力発電を将来の主要電源とする方向付けを行った。有沢は学者ではありながら、学問の方法を駆使しながら現実的課題を見据えていた。「どうも日本人は、概念規定にとらわれがちだ。統制かどうか現実の経済の動きをみて判断したらいい」とよく語っていたという。

【注】

（1）一九三七〜三八年の、反ファシズム人民戦線運動を推進した日本無産党などに対する左翼弾圧事件。

【参考文献】

有沢広巳『戦後経済を語る』（東京大学出版会、一九八九年）
牧野邦昭『経済学者たちの日米開戦』（新潮選書、二〇一八年）
牧野邦昭『戦時下の経済学者』（中公選書、二〇二〇年）

20

石橋 湛山

（一八八四―一九七三）

小日本主義、インフレを推奨した「街の経済学者」

◆はじめに

石橋湛山は、大正・昭和時代の経済評論家であり政治家である。早稲田大学文学部卒業後、東京毎日新聞記者を経て、東洋経済新報社へ入社。自由主義を唱え、帝国主義を批判した。第二次世界大戦後の第一次吉田茂内閣の大蔵大臣に着任した。傾斜生産方式を受けて、石炭などの基礎物資の増産のために補給金の支出を惜しまない立場で、インフレ推奨の財政政策をとり、翌年五月にGHQの指示で公職追放されている。

その後、第一次・第二次鳩山一郎内閣の通産大臣に就任、保守合同後の第三次鳩山内閣にも留任する。一九五六年一二月一四日の自由民主党大会で首相の指名を得て、一二月二三日に内閣を組織した。しかし直後に病に倒れ、辞職する。

◆小日本主義の展開

日本は、日清・日露戦争に勝利し、近代化に成功した。そして、第一次世界大戦でも多くの利益を享受した。かくして五大国の一つにまで数えられるようになった。

この間、日本は台湾、南樺太などを領土とし、朝鮮半島を併合した。その後、関東州を足場にしながら日本の傀儡国家満州国を樹立する。こうした動きは、日本の大国主義的な発想に基づいている。日本の領土が次第に膨張していく姿に、多くの日本人は満足した。

しかし、石橋はこの日本の台頭を冷ややかに見ていた。第一次世界大戦後のパリ講和会議の様子を見て、世界の諸国から袋叩きにあった国としてドイツと日本を挙げている。第一次世界大戦で敗戦国のドイツが袋叩きされるのは当然として、それに並ぶ存在として、日本を指摘したのである。山東問題(1)についても、日本を支持し同情する国は一つも無いとし、これほど残酷な袋叩きにあった国は世界に無い、とまで評している。そして、「実際公平に見て、日本ほど公明正大の気の欠けたる国はない、自由平等の精神の乏しき国はない、換言すれば、官僚的、軍閥的、非民主的の国はない。少なくとも英米仏伊等の諸国に比し、此等の点に於て我国は遥かに下等な国である」と、非難した。

シベリア出兵の時、石橋は出費と貿易に大きく影響を与えるとして、厳しく撤兵を主張した。また、朝鮮の独立を主張する。

当時、多くの人々は「日本は資源が乏しく、領土も狭いので、資源豊かな領土を有することが国家発展の道である」と考えていた。それに対し、石橋は日本が植民地を領有しても「日本人が期待するほどの利益をもたらさない」と主張する。移民についても、一九一八（大正七）年と一九一九年の調査によれば、海外（植民地）へ移民した日本人は八〇万人で、内地日本人の人口は六〇〇〇万人だった。八〇万人のために六〇〇〇万人の幸福を忘れてはいけないと説いている。そして「自分が大日本主義を棄てよというのは、決して小日本の国土に跼蹐（圧迫されて自由に行動ができないこと）せよという意味ではない。日本人が世界をわが国土として活躍するためには、すなわち大日本主義を棄てねばならぬ、という意味である。国土を小にせよという主張ではなくて、かえって世界大に拡げる策である」

石橋湛山

出所：国立国会図書館ウェブサイト「近代日本人の肖像」

と主張する。要するに、植民地を拡大することで、それにコストや人材を振り向けるよりも、国内を充実させた方が良いと考えたのである。

◆旧平価か新平価か

一九二九（昭和四）年、浜口雄幸内閣が成立し、大蔵大臣に井上準之助が着任した〔14〕。金輸出解禁に向けて動き始めた。第一次世界大戦になると日本をはじめ各国が金輸出を禁止する。大戦が終結すると、再び金本位制のもと、各国では金解禁が進むこととなり、国際的にも日本に対して金本位制への復帰が求められたのである。この時、井上蔵相は企業の合理化や外債の借り換えに有効であるとし旧平価で兌換することを決めた。これに石橋は反発した。物価水準は安定させるべきであり、金本位制に復帰するのであれば、現状に合ったレート（新平価）の円切り下げを主張した。石橋は「今、旧平価解禁を断行することは物価を約25％ばかり暴落させることになり、こうした物価暴落を起こしては、震災後、約四十ドルベースでせっかく立ち直りかけている我が経済に致命的打撃を与えるものだ」と主張した。この石橋の意見に中外商業新報の小汀利得、時事新報の山崎靖純（せいじゅん）と高橋亀吉が賛同し、新平価解禁四人組などといわれる。結局、井上蔵相は考えをくつがえすことはなく、旧平価で金解禁を実行した〔前64〕、〔14〕。

はたしてその結果は、円高となり輸出が滞った。予想通りであった。それに世界恐慌が拍車をかけた〔前65〕。日本では企業倒産、失業者増加などの社会問題が起き、農村では生糸の輸出減と米価下落で壊滅的な打撃を受けることになる。テロが横行し、井上は暗殺された。そして、日本は戦争への道を突き進むことになる。

◆リフレーションの主張

一九三〇年代の昭和恐慌の脱出を模索するなか、石橋が主張した方策はインフレーションの喚起であった。インフレは、昭和恐慌のなか、経済活動を危機から救い出す手段であるとし、「回復に必要な限りに於て通貨を膨張せしめ、物価騰貴をはかれと云うに過ぎない」と指摘する。具体的な施策として、中央銀行の金利引き下げ、公開市場操作、政府事業の展開などを指摘した。そして、この場合、一般の意味でのインフレーションではなく、生産回復のためのリフレーションであると主張したのである。このインフレへの志向性は戦後にも続くことになる。

戦後直後、世間ではインフレ必至という悲観的な機運が高まる。それに対し、石橋は、戦後の日本経済で恐るべきはインフレではなく、生産が止まり、多量の失業者を発生させるデフレ的傾向であると指摘する。そして、生産復興こそが第一の課題として第一次吉田茂内閣のもと大蔵大臣に就任する。戦前から自由主義的な「東洋経済新報」の主宰であったことや、「街の経済学者」としての相当な見識の持ち主であるということが背景にあったようだ。吉田首相は、党推薦名簿に石橋湛山の名前があったのを見て何の躊躇もなく蔵相に決めたという。

昭和二一年度予算案提出に際し、石橋は、日本の現状について「通貨膨張と物価騰貴は一般に云われているような普通の意味でのインフレでは決してない…従って、かかる今日のいわゆるインフレはデフレ政策によって処理しうるものでは断じてなく、物の生産、出回りによってのみ救治しうる」「国に失業者があり、遊休生産要素の存する場合の財政の第一要素は、これらの遊休生産要素を動員し、これに生産活動を再開せしめることである。この目的を遂行するためならば、通貨の増発を来すとも差し支えない、それどころか、かえって真の意味の健全財政であると信じる」と主張したのである。

石橋は当時有沢広巳たちが推進していた傾斜生産方式に同調する〔19〕。石橋は蔵相として石炭増産政策に資金面から支え、復興金融金庫設立によって応じている。これによって復金インフレといわれるインフレーションを招いているが、石橋はうろたえることは無かった。「確かに一面において、インフレを促進したに違いない。しかし、その危険がなければ石炭の確保はできず、汽車もあるいは止まったかもしれない」と指摘する。この時期の石橋について吉田茂は「石橋君は、持ち前の自信の強さと、積極的な論法で、石炭問題も給与問題でも、何にでも身をもって出かけてゆき、問題を一心に背負ったような恰好になっていたが、私の目から見れば、勿論頼もしいには違いないのだが、正直にいって、何かしら八方破れのような感じがしないでもなかった……」と語っている。

結局、一九四七年五月、インフレの猛威にもうろたえない石橋に、GHQは公職を追放した。追放に関する覚書によれば、「(石橋が社長兼主筆となっていた)『東洋経済新報』の編集方針がアジアにおける軍事的、経済的帝国主義を支持……」としているが、明らかに財政経済方針の自説（インフレ容認）が、GHQを刺激したからであった。GHQから、石橋はインフレーショニストといわれていたという。

◈在野の精神を忘れずに

石橋は、戦前の帝国大学万能時代の時に母校である早稲田大学の学生に対して、「私は閥は嫌いだが、閥を作るほどの勇気を欠くものは一層嫌いだ。自分の大学の制帽を堂々とかぶって歩けないようなことでどうするか」と語ったという。

一九一七年の早稲田騒動で石橋は反大隈派の中心として行動するが、この時のことを「校規のいわゆる民主的改革だけは、この騒動を機会にして行われ、今日の早稲田大学の組織ができた。この点において、我々は全く惨敗したわけでもなかった」と語っている。

石橋は、戦前において、小日本主義、新平価による金解禁を主張するなど、国家や世論に迎合せず、待ったをかける、自説を論じた論客であった。「街の経済学者」といわれるのもどこ吹く風であった。戦後においても、この在野の精神を忘れず、政界に参加しても変わることは無かった。

自身が公職から追放された時も、GHQへ抗議を行い、首相に就任した時にも「私は国民の気に入らない政策をやる」と公言してはばからなかった。

また、インフレの危険については常に楽観的な立場であった。「物価の値上がりなどがよく問題になるが、物価は生き物なのだから気にする必要もない。むしろ数字だけでは説明できないものを数字でもっともらしく説明すると誤解を招きやすくなる」と語っている。

【注】

(1)　第一次世界大戦の際、山東省におけるドイツの権益を継承しようとし、二十一カ条要求を中国政府に突きつけ中国との間で起きた国際問題。米国の提案などを受け入れず、ベルサイユ講和条約で承認させた。

【参考文献】

一木豊『蔵相―時代と決断―』(日本経済新聞社、一九八四年)
増田弘『石橋湛山』(ミネルヴァ書房、二〇一七年)
姜克實『石橋湛山』(吉川弘文館、二〇一四年)
小島直記『気概の人　石橋湛山』(東洋経済新報社、二〇〇四年)

21 池田 勇人（一八九九―一九六五）

「所得倍増」掲げ、麦をよく食べた首相

◆はじめに

池田勇人は戦後の政治家。一八九九（明治三二）年一二月三日、広島県吉名村（現竹原市）の地主の家に生まれた。京都帝国大学法学部を卒業後、大蔵省に入ったが皮膚病にかかり一時退職。一九三四（昭和九）年復職、主税局長を経て第一次吉田茂内閣の時、石橋湛山蔵相のもとで事務次官に抜擢される。その後、政界入りし、一九四九年の総選挙で衆議院議員に当選。第三次吉田内閣の大蔵大臣に起用され、経済安定九原則によるインフレ収拾にあたり、以後三年八か月にわたり蔵相の地位にあった。

第四次吉田内閣では通産大臣に就任したが、一か月後の一一月に、インフレから安定経済に向かう際には「中小企業者の倒産・自殺があってもやむを得ない」という趣旨の発言を追及され、新憲法下初めての閣僚不信任案が可決され辞職した。その後、一九六〇年七月、新日米安全保障条約批准後の自民党大会で総裁に就任、以後総裁に三選、三次の内閣を組織したが、一九六四年一一月、東京オリンピック直後、がん治療のため辞職。翌一九六五年八月一三日、ガン再発のため死去した。

◆出世が遅れる

池田は一九二五年に大蔵省に入省した。函館税務署長、宇都宮税務署長などを歴任する。ところが、しばらくして

難病にかかる。この難病は全身に水泡が広がる皮膚病で、痛みとかゆみが生じ微熱も続いた。不治の病ともいわれる難病だった。結局、退職願を提出し、郷里吉名へ帰省して養生する。三年間療養したが、母梅子の看病は相当なものだった。食事は小魚と塩抜き野菜で、全身に白い薬を塗り石膏像のようだった。気晴らしのために漫才師や芸人を招くこともあった。

こうした手厚い養生が実を結び、回復する。池田は母梅子と共に伊予大島の島四国八十八カ所を巡礼する。一週間の巡礼が終わる頃には快方に向かっていた。池田は、この難病を乗り越えたことで、信仰心と苦しみに耐える強い意志力を養うことができたという。一九三四年に復職が叶い、一九四一年に国税課長に昇進した。当時の池田は「大胆にして細心、荒削りのところもあるが部下思い」であったという。ただ、出世は確実に遅れた。宴席や結婚式の場では、昔の同僚ははるか上席にいるのに自分は末席であった。

ところが、である。一九四五年八月、終戦を迎える。トップを争っていた同世代の仲間は追放され、池田は免れた。石橋湛山が大蔵大臣だった一九四七年二月、官僚のトップである大蔵次官に昇任する。

池田勇人

出所：国立国会図書館ウェブサイト「近代日本人の肖像」

◆池田の迷言

一九四九年一月に、衆議院総選挙が行われた。この時、池田は広島で立候補した。演説は立派な内容だったが、内容は難解で、味も素っ気もなく、いわゆる下手くそだった。初当選で待っていたのは、第三次吉田内閣のもとでの大蔵大臣の椅子だった。

大蔵大臣として戦後改革の時期、多くのことに関わった。この年九月に、中小企業金融のあり方を巡って国会討論が展開されている。この時、補助金政策を推進する意見に対し、池田は健全財政を建前とし、

「馬に水を飲ますために、川のほとりへ連れて行くようには致しておりますが、その水を馬が飲むか飲まぬかということは、これはそのとき相手のあることでありまして」と、馬を例えにしながら、金融環境の整備が大事であると述べている。

池田が大蔵大臣に着任する直前の二月一日、米国からジョセフ・ドッジが来日した〔22〕。ドッジの来日は、日本経済の自立を確固たるものにすることが目的であった。ドッジは予算案を却下する。ただ、ドッジの意見は池田の意見と同じだった。二人で大枠の議論をしたが、もっとも一致したのは補助金政策の撤廃である〔35〕。価格差補給金をはじめとした補助金は全て撤廃することに意気投合し、「子供に泳ぎを教えるには、水の中に投げ込むことだ。溺れそうになったとき助ければよい」と、大きな話をするだけであった。ただ、選挙の公約だからと公共事業費の減額を復活するよう主張するが認められなかった。減税についても何度も交渉したが、ドッジからの理解は得られなかった。ドッジは池田を気に入り、池田を支持したが、池田は国会内で苦境に陥った。

一九五〇年三月、ドッジ・ラインの実施により〔36〕、安定恐慌に陥るなか、中小企業は金詰まりの生活苦の人々が多いという記者の質問について、「信用が無くて銀行から金を借りられないのは経営者の責任で、政府の責任ではない。そのため企業がつぶれても仕方がない」「五人や十人倒産し、自殺しても国民全体の数からみれば大したことは無い。国家財政を建て直すという基本政策のもとでは多少の犠牲はやむを得ない。いまは企業の整理期で財政政策を変える時ではない」「物の値段が下った今日、今までの様な安易な営業方法では行詰るのは当然で、金詰りによる経営難は経営者の不手際によるものだ」と述べている。

さらに一二月、参議院予算委員会では、「私は所得に応じて、所得の少ない人は麦を多く食う。所得の多い人は米を食うというような、経済の原則にそったほうへ持っていきたいというのが、私の念願であります」と発言した。これが、新聞では「貧乏人は麦を食え、富めるものは米を食う。それが日本古来の身分相応の食生活なのだ」（「朝日新聞」、一九五〇年一二月一一日）と紹介され、暴言といわれた。

世論からは、「バカ正直で、大小を問わずウソのいえない彼の人柄をよく表しているが、あの当時はまだまだ荒削りそのものだった」と指摘され、ドッジからは「政治性がない」と笑われたという。そして、本人は「うまいことといって、その場その場をしのいでいくのはよくない」と語った。

ドッジの均衡財政を三年間守り続けた池田財政は、財界からは飽きられた。一九五二年五月の第四次吉田内閣では、池田は大蔵大臣に再任されず、通商産業大臣となった。しかし、一一月二七日衆議院本会議の時に池田は「私の心境は、インフレ経済から安定経済に参りますとき、闇その他の、正常な経済原則によらぬことをやっている方がおられた場合において、それが倒産をし、しこうしてまた、倒産から思い余って自殺するようなことがあって、お気の毒でございますが、やむを得ないということは、はっきり申し上げます」と答弁している。この発言は、池田にとって失言というより信念であろう。本会議当日も一度のみならず何度か繰り返している。この発言を受けて、翌日不信任案が可決された。理由は、「池田通商産業大臣は、昨二十七日の本会議場において大蔵大臣当時の放言を繰返して再び経済安定のためには中小企業者の五人や十人が思い余って自殺するも止むを得ないとの非人道的な暴言を敢えてした。このことは現下の重大なる経済情勢にかんがみ、特に中小企業を育成すべき経済行政の担当者としての責任を解せざるのみならず、通商産業大臣としても適格性を欠くものである。よって本院は、池田国務大臣の退陣を求むるため本決は議案を提出するものである」というものであった。

◈月給二倍論

一九五九年二月二四日に関西財界人との懇談会で、池田は国内需要の増加を内容とする積極的経済政策を提唱した。これをうまくやれば、生活水準は今すぐにでも二倍、三倍に跳ね上がるような話をした。財界では、池田の大風呂敷と受け取ったようだが、世間では月給二倍論と大評判となっている。総理になる一年前のことである。

一九六〇年六月二三日、岸信介首相は日米新安保条約の批准書交換の日、社会を混乱させた責任を取る形で辞意を表明した。池田は七月に自民党総裁に当選し、池田内閣が成立した。

池田は安保で国民意識が暗くなったなか、明るいスローガンが欲しいと考えた。総理になったら何をさせるかという問いに対し、池田は「経済政策しかないじゃないか、所得倍増で行くんだ」と答えている。「総理大臣が経済成長率を政策の中心に置くのは、歴史的にない」という反論もあったが、池田は押し切った〔37〕。

首相である池田の決意に社会は敏感に反応した。「政治の季節」から「経済の季節」へと、国民意識が変わった。所得倍増という明確なビジョンは、設備投資を後押しした。さらに池田は「今後一〇年間に国民総生産を二倍以上に引き上げる。将来西欧諸国並の所得と生活水準に到達させ」るために、「来年度以降三か年においては年率九％の成長」を持続させることを明らかにした。一〇年間で二倍であれば、約七％ずつ成長すれば実現できる。経済企画庁は、この数字に戸惑い、七％の成長なんてあり得ず、せいぜい五、六％と考えていたが、池田はそれを一蹴した〔25〕。

もちろん、この所得倍増計画は、毎年の賃金を法律で定めるようなことではなかった。池田は「経済の成長は国民自身の努力によって実現するものであり、政府の任務は、かかる成長実現への努力を円滑に働かすことのできる環境と条件を整備することにある」と述べている。要するに先に述べた「馬」の例と同じく、所得が倍になるような環境を整備することに力点を置いた政策を行った。

所得倍増計画は、高度経済成長を実現した。国民に自信を与え、進むべき方向を示した。また、これにより日本は国際社会にも参加し、資本主義陣営の立場から途上国への援助も行われるようになる。ただ、都市と農村、公害問題、エネルギー転換に伴う争議、大企業と中小企業との二層構造など、様々な問題が顕在化するようになったのも事実である〔23〕。

◆東京オリンピックを花道に

一九六四年七月頃、池田は喉に異変を感じるようになった。九月のＩＭＦ総会での演説を終え、帰国直後に精密検査を受けたところ喉頭がんだった。一〇月一〇日のオリンピック開会式には参加した。退陣の覚悟も決めた。しかし未練もあった。「農業と中小企業の近代化が残っている。これを予算化したい。（中略）僕は問題を逃げたと思われるのが嫌だ」と語ったという。池田はオリンピックの閉会式の翌日、一〇月二五日、正式に辞意を表明する。翌年八月、小康状態だった容体が急変し亡くなった。

最後に、池田の迷言「貧乏人は麦を食え」について、満枝夫人の言葉を紹介しておこう。「『ふところ具合に応じた暮しをするんだといったのに、みんなわからない』と、憤慨していました。池田の実家では、いまでも麦のごはんを食べますよ」。

【参考文献】

藤井信幸『池田勇人』（ミネルヴァ書房、一九五六年）
一木豊『蔵相―時代と決断―』（日本経済新聞社、一九八四年）

22 ジョセフ・ドッジ（一八九〇—一九六四）

三つの「ドッジ・ライン」で復興導く

◆はじめに

戦後直後、日本経済は瀕死の状態であった。戦時期の多額の公債、大陸からの帰国者などによる物不足に加え、日本円の価値は下がり物価は高騰した〔34〕。米国を中心としたGHQの占領政策の基本は、非軍事化と民主化であったため、経済政策に対し、策を講じることは無かった。むしろ、財閥解体をはじめとして日本経済を骨抜きにする政策が遂行されていたのである。

ところが、日本を巡る国際情勢に変化が見られるようになる。インドネシア（一九四五年八月）、ベトナム（一九四五年九月）、フィリピン（一九四六年七月）、ビルマ（現ミャンマー、一九四八年一月）などが独立し、一九四九（昭和二四）年一〇月には毛沢東が社会主義国家、中華人民共和国を建国した。さらに米国とソ連との冷戦が激化する。こうした情勢下、一九四八年一月にロイヤル陸軍長官が演説で述べたように、「極東に今後生ずべき他の全体主義的戦争の脅威に対する制止役として役立つほど十分に強く、かつ十分に安定した」日本の再建が求められたのである。

一九四八年一二月、米国政府はGHQに指令して経済安定九原則を日本政府に提示する。翌年二月、デトロイト銀行頭取だったジョセフ・ドッジ（Joseph Dodge）がGHQ財政顧問として来日する。ドッジは、かかる社会情勢のもと、二つの覚悟を持って来日した。一つはインフレ退治であり、もう一つは共産主義の防壁としての日本経済の自立であった。GHQには財政経済に見識や説得力を持った人物がいなかった。その切り札がドッジだった。

◆ドイツでの実績を引っ提げて

ドッジは、来日する前、ドイツの戦後処理に関与し、金融政策を断行した。ドイツは第一次世界大戦の時、戦前一ドルあたり四・二マルクだったのが、レンテンマルクが発行された一九二三（大正一二）年一一月には一兆倍の四兆二〇〇〇億マルクにまで高騰している〔18〕。このハイパーインフレで社会が混乱した経験を持っていた〔18〕。第二次世界大戦後もドイツは日本と同様にインフレが起きており、再びハイパーインフレを招くおそれがあったのである。インフレを抑えるため賃金を抑えたが、闇物資は二〇倍から三〇倍の値段で売られていた。このため真面目に働いて稼ぐことに意欲が失われていたのである。賃金と物価を均衡する必要があった。

ドッジは各人が所有していたライヒスマルク（一九二四―四八年に使用された）の現金、預金の九割を切り捨て、残る一割を新通貨のドイツマルクに切り替えた。この通貨切り替えにはソ連が猛反対しており、ベルリン封鎖の遠因ともいわれる。通貨切り替えを断行することで、闇値が一気に下落した。これによりインフレの危機から脱することに成功した。

池田勇人とドッジ夫妻
出所：『アサヒグラフ』新年号（1951年）

◆竹馬経済

一九四九年二月、ドッジが日本に来日すると、日本経済を分析する。そして、三月七日、初めて国内外の記者団と会見を行った。この時、ドッジは記者団を前に「日本の経済は両足を地に着いていず、竹馬に乗っているようなものだ。竹馬の片足は米国の援助、他方は国内的な補助金である。竹馬の足をあまり高くし過ぎると転んで骨を折る危険がある。今直ちにそれを縮めることが必要だ。続けて外国の援助を仰ぎ、補助金を増大することはインフレのみならず、国家を自滅に導く恐れが十分にある」と語った〔35〕。インフレが収束することで経済を安定させ、単一為替レートを設定して世界経済に日本経済を復帰させ、企業の合理化と輸出振興を通じて自立経済の基礎を確定しようとした。ドッジはドイツでの通貨切り替えで実績を上げていたので、日本でも同様な通貨改革をすると噂されたが「ドイツはドイツ、日本は日本」と通貨改革をせず、以下の三つを基軸に政策を遂行することにしたのである〔36〕。

◈単一為替レートの設定

一つは単一為替レートの設定である。当時の日本の貿易は国家が管理しており、国が企業から品物を買いあげて輸出していた。このため、一ドルあたり、陶磁器は六〇〇円、生糸は四二〇円、小麦一六五円というように、商品ごとに複数の為替レートを採用していた。この形態は正常な貿易とはいえないとし、「為替レートの実施はできる限り早く公式に設定されることが望ましい。しかしオリの中のサルのように激しく上下に変動するレートでは意味がない」と指摘する。そして輸入を不当に害することなく輸出を促進するようなレート設定が必要だと述べるにとどまり、具体的な方策は控えた。そして、四月二五日に一ドル三六〇円の単一為替レートが設定された。国内物価と国際物価を結び付ける統一的な仕組みにより、日本経済を世界経済に復帰させ、またドルに対し円貨の安定を図ることで国際競争に耐え得る企業のコストダウン、合理化を促したのである。この時、「このレートでは輸出ができない」という反論が起きたが、ドッジは「企業の本当の原価計算など役人にわかるはずがない。やらせればできる」と突っぱねたという。

この一ドル＝三六〇円は、当初から意図していなかった。戦前は一ドル＝二円程度であった。一九四七年一〇月の新聞記事を見ると、円ドルの為替レートについて、一三〇円の単一レートにするか、あるいは最低三〇〇円、最高二〇〇円の範囲で複数の為替レートにするかなどという議論がなされている。わずかの間に円の価値は国際的に下落していたのである。また、ドッジの三月の会見後でも、「一ドル三三〇円が有力」など様々な憶測が飛び交った。

◆超均衡予算

二つ目はインフレ収束のための超均衡予算の実現である。「インフレ対策や経済安定に関する決定事項は、すべて政府の予算に関連しなければならない。インフレは形式的な貨幣の操作では収束しない。増産と国内の消費節約があってはじめて解決できる問題だ」と、効果的な経済安定はあらゆる政策の決定を財政政策の核心である政府予算に結びつけるべきだとし、「インフレの栓を開けるのも閉めるのも政府であり、インフレはまずその源泉において絶たねばならない」と述べている。

ドッジは、インフレについて、「経済というローソクを両端から燃やすようなものだ」と指摘する。つまり、「先のほうは物価の値上がりによって収入や貯蓄の実質価値を奪われる人々をあらわし、根本のほうは大衆から収奪した金を使っている人々をあらわす」と、述べている。このようにインフレを「悪」とする立場から、ドッジラインによる超均衡予算（歳入と歳出を一致させた予算）を遂行した。

インフレについての考え方は誰でも理解できる。しかし、ドッジは「だれしもインフレによる高物価には文句を言うが、政府資金の分け前にはあくまであずかろうとする。インフレは悪いという。しかし事ひとたび自分の問題となる場合、なんでもかんでもインフレの利益を守ろうとする」と述べている。

一九四九年度のいわゆる「ドッジ予算」では、それまでの赤字財政を改め、一般会計で歳出・歳入とも七四一〇億円余りで均衡させ（補正予算を含む）、特別会計や復興金融金庫・各種公団など政府関係機関分を総計した「総合予算」でも均衡していた。この予算を実現するためには一方では租税の増徴を図り、復興金融金庫に対して復金債の新規発行はもちろん、一九四九年三月末でいっさいの新規貸し出しを停止し、またドッジによって「竹馬の足」といわれた価格差補給金や貿易資金特別会計における「見えない補給金」などを打ち切る態度を明確にしてこれらを圧縮したのである。

そして、三つ目は、対日援助の考え方である。「米国の対日援助は米勤労者の税金で賄われている。すなわち日本が自力でやるべきことを米国市民が一時的に代わってやっている。必要なものを外国からの援助だけに頼っていては永久的な解決は見いだせない」と、日本経済の自立は日本人自身が努力すべきと述べている。それまでアメリカからの対日援助物資を販売すると、貿易資金特別会計に組み込まれ、輸出入補給金で消費された。それを、対日援助見返資金特別会計として別途に設け、ＧＨＱの管理下で運用した。見返資金の使途は、公債や復金債など政府債務の償還に充て、ほかは経済再建上重要な公・私企業への投資に充てられた。見返資金の主な投資先は、公企業では日本開発銀行・日本輸出入銀行・日本国有鉄道・日本電信電話公社など、私企業では電力・海運・石炭・鉄鋼など主に基幹産業に投資し、従来の復金融資に代わってこの時期の産業発展を支えた。

◆ドッジ・ラインへの猛反発

ドッジ・ラインは、「インフレ退治」に一役買うことになるが、与野党は相当反発する。与党だった民主自由党は減税と、公共事業の増額を公約していたがドッジに却下された。超均衡予算を通そうとする池田勇人蔵相は、与野党から「ドッジの吹き込んだレコードをそのまま再生する蓄音機」と批判されている〔21〕。

その後も、ドッジは毎月の財政収支表を提出させチェックした。この結果、日本経済は深刻なデフレを招く。金詰まりとなり、国内需要が停滞する。輸出もアメリカの不況などで期待されたほど伸びず、安定恐慌と呼ばれた深刻な不況に落ち込んだ。中小企業は需要減少と金詰り、大幅増税のあおりを受けて激しい打撃を受け、企業の倒産・整理が続出する。また、輸入食糧の増大で農産物価格も低落し農民の窮乏化も進み、不況下での大量の人員整理の強行で失業者も激増した〔19〕。そんな時に神風が吹いた。朝鮮戦争が勃発したのである。これにより、日本経済は軌道に乗り、高度経済成長へと突き進むことになる。

◆ドッジ・ラインの残したもの

ドッジは「インフレで得するのはごく少数、インフレ退治こそ最大多数に最大の利益をもたらす」という信念を持っていたという。ドッジは混乱した日本経済の課題を、①健全財政、②単一為替レート、③日本経済の自立の三つにおいて強力な権力をもって振り出しに戻した。

もともと①の健全財政は、「入るを量りて出ずるを為す（収入に応じて支出を決める）」という儒教の教えもあるが、どうしても時の権力者は支出を増やそうとするものである。ドッジはそれに一石を投じたことになる。その後も景気は好況、不況を繰り返し、不況時には「国債発行をすれば…」とささやかれても、均衡予算を守り続けた。しかし、一九六五年の佐藤栄作内閣の時に赤字国債を発行している。以来、国債は増え続け、令和五年度の普通国債残高だけで一〇六八兆円にのぼり、世界でも断トツの借金大国になってしまった。

②の1ドル＝三六〇円の単一為替レートは、輸出産業（造船業、自動車産業）に好影響をもたらした。特に造船業のように建造期間が一年、二年に及ぶものに対しても、ドルとリンクしているため為替リスクが軽減されたのである。ただ、これはニクソンショック（一九七一年八月）により円高が進み、その後、スミソニアン協定（一九七一年一二月）で一ドル＝三〇八円の固定相場としたが、結局、一九七三年二月には変動相場制へと移行する。

③の日本経済の自立をどのように判断するかは色々あるだろうが、一応、外債に依存していないことを考えれば、この点だけは守られているということか。

【参考文献】

鈴木武雄『現代日本財政史（下一）』（東京大学出版会、一九六〇年）

23

愛知　揆一
（一九〇七―一九七三）

多くの課題解決　やるべき時に負けない

◆はじめに

愛知揆一は、昭和時代の大蔵官僚、政治家である。一九〇七（明治四〇）年一〇月に生まれた。東京帝国大学法学部を卒業後、大蔵省に入省し、銀行局長まで昇進する。戦後、一九五〇年の参議院選挙に自由党から全国区で初当選し、政界入りする。財政・経済通として一九五四年、吉田内閣の通産大臣に抜擢される。歴代内閣で主要閣僚や党役員を歴任した。特に佐藤栄作・田中角栄両内閣の発足には、政策・党務両面で支柱の役割を果たした。佐藤内閣の外相として沖縄の本土並み返還に尽力した後、田中内閣では蔵相として第一次石油危機への対応に腐心したが、一九七三年一一月二三日、急死する。

愛知はしばしば国会図書館を利用したという。係員は「政治家の方で利用する人はわずかで、それもつまらない調査なんか依頼するのだが、愛知さんは、実に克明に問題の根本まで掘り下げる」と語ったという。野球が好きで野球選手になるのが夢だった。文部大臣の時、高校野球の始球式ができたことは、夢を実現した一コマであったという。

◆アインシュタインと知己

父敬一は、東北帝国大学で理論物理学の教授だった。戦前、アインシュタインを招聘したことがあり、愛知自身も可愛いがってもらった。戦後、愛知が渡米した時、アインシュタインと再会する。アインシュタインは「君は政治家として戦争を防ぐことに努力しなさい」と語ったという。

一九三一年に大蔵省に入省すると、翌年にはロンドン駐在の財務書記となった。その二年後にドイツ・ミュンヘンで本場ビールをしたたか飲んでいた時のことである。ナチスの腕章を着けた青年が現れ、愛知に対し「飲み比べをしよう」と挑んできた。テーブルの上には一二杯のジョッキが並び、ナチスの青年は便所へ立って行ったという。愛知揆一について「大仰な自己宣伝や放蕩無類の精神はさらにない。洗練された都会人の節度がある。聡明であっても、それを表さない。才華があっても、それを包んでいる。その床(ゆか)しさが好ましい。酒も好きだが乱れない」と、評価された。大人しいけれど、やるべき時は負けなかった。

◆GHQに反発

財閥解体の時、銀行局長であったが、銀行の解体だけは防ぐようGHQを日参した。解体すべきでないと交渉したが、GHQからは「お前のような男が、よく戦犯にならなかったな」などと嫌がらせを言われた。この時、愛知は「はらの中が煮えくり返りそうになるのを、必死でこらえた」そうである。

GHQは役人に対し試験を受けるよう強制してきた。この時も「俺を試験する奴の顔が見たいよ」と憤慨し、自分は受けないことを表明した。しかし、周囲から説得されて受けることにしたという。当日は最前列で、東竜太郎（文部省体育局長、後の東京都知事）、山川菊栄（労働省婦人局長、婦人問題研究家）と三人並んで受けたという。この時、周囲を見渡すと、立派な先輩が穏やかに受験している姿を見て謙虚な気持

愛知揆一
出所：東洋学園大学 東洋学園史料室提供

ちになったという。試験が行われた翌月、愛知は大蔵省を退官する。

◆中小企業金融の整備

銀行局長の時に行った仕事の一つとして、信用金庫の構想をまとめ、無尽会社を近代的金融機関（相互銀行）に昇格させたことが挙げられる〔41〕。国会審議においても銀行局長として積極的に発言している〔24〕。

戦後復興期は、ハイパーインフレのもと資金繰りに困窮する。傾斜生産方式など重要産業への資金の傾斜配分が行われた〔19〕。中小企業への経済援助は蚊帳の外に置かれていた。当時の中小企業整備は環境整備で対応しており、その一つとして中小企業等協同組合法の整備があった。この時、信用組合のあり方を中心に、戦前からの市街地信用組合（多くが信用金庫になる）なども信用組合に編入する意見があったが、「私は市街地信用組合が残してもらえれば非常にありがたい。これは金融当局としてそういうように思います」と、信用組合に組み入れることを反対している。結局、市街地信用組合は信用組合に含まれることになったが、愛知が指摘した通り、その後、多くの問題が顕在化し、信用金庫として別に組織される。信用金庫法や相互銀行法の骨格や考えは、彼の考えが引き継がれたものといえるだろう〔50〕。

◆所得倍増計画に対して

池田勇人が内閣総理大臣に就任すると、国民所得倍増計画を主導する〔21、25、37〕。この時、愛知は大臣に着任していない。ただ、「今までの長期計画と違って、今回の所得倍増計画は一層に意欲的だといえる。単に経済発展の一つの目安として五年先、十年先をいうのでなく、十年間に国民総生産を倍にするというはっきりとした目標を打ち出している」と高く評価する。ただ、「国民全体を総平均して十年以内にその平均が倍になるというのでは問題にならない」と指摘し、「国民所得階層の間、農業と非農業の間、大企業と中小企業の間、又各地域相互間に現に存在する生活上及び所得上の格差を出来るだけ縮めて、我が国経済の底辺を引き上げ、国民全体が相ひきいて発展し、向上することを期することこそ政治の責務である」と考えた。こうした発想でまとめたのが、一九六〇年末に愛知らが中心となりまとめた「倍増計画の構想」である。この構想は所得倍増計画の基調として、池田総理、大蔵大臣、経済企画庁長官の施政演説の中に盛り込まれた。ただ、実際に所得倍増計画が行われると、新たな課題も出てきた。物価が急上昇したのである。愛知は経済政策の転換を進言したが受け入れられなかった。その後、愛知は佐藤栄作を支えるようになる。

◈ニクソンショック

一九七一年八月、米国がドル防衛政策＝ニクソンショックを発表した時、愛知は外務大臣だった。突然の発表にもかかわらず、愛知は「またか」という気持ちだったという。それは、前月にも事前協議無しにニクソンが中国訪問を表明していたからである。ドル防衛政策（ニクソンショック）の骨子である「金・ドル交換停止と輸入課徴金制度」は、米国自らが提唱し続けたＩＭＦ原理とガット体制に逆行するものであった。このことは、米国への信頼に動揺を招き、今後の日米関係に暗影を投げかけないかと懸念した。

ニクソンショックのもと、為替制度は、固定相場制から変動相場制へと移行する。日本は一ドル三六〇円の固定相場制による恩恵を受けていた(22)。当時の日本は国内経済が過熱気味で、貿易黒字も大きかった。よって、円のレートを実勢に応じて切り上げるか、他の国々が自国通貨を切り下げる（引締め政策）しかない。国内経済を引き締めれば、国際収支はさらに黒字が増大し、海外からの反発を受ける。むしろ、円のレートを切り上げれば、国際収支の黒字は減少し、資源（物資）の海外流出も抑えられ、その分国内に振り向けられる。国民福祉の向上、福祉国家の建設に役立つと考えた。ただ、外貨で債権を持っている人や生産性の低い産業部門にとっては、不利益を招くと考えた。

同年九月に、ナイロビで開催されたＩＭＦ総会・二〇か国蔵相会議に出席する。愛知は世界経済を発展させるためにも安定した為替秩序に基礎を置いた「ワン・ワールド・エコノミー」の確立が大事だと唱えた。そのためにも、①調整可能な安定した平価制度、②調整過程における国内政策の重要性、③ドルの交換性の回復、④ＳＤＲ（ＩＭＦの特別引出権）の役割拡大、⑤資本移動規制の重要性などを説き、物価の安定と国際収支節度の遵守を主張した。愛知は金融通として、各国からも高く評価された。この時、「従来のドル中心の通貨体制が変わりつつあることは、必然的な歴史の流れであり、『米国』『ＥＣ』そして『日本』という三本の柱が、次第にはっきりとその姿を浮かび上がらせている」と述べ、自信を深めている。

◈福祉社会を目指して

大蔵大臣に着任したのは、一九七二年一二月のことである。この年七月に田中角栄が首相となると〔47〕、すぐに訪中を実現した。愛知は第二次田中内閣の時、銀行局長として活躍していた古巣大蔵省に大臣として着任した。この時掲げたのは、福祉社会の建設であった。「対外的に国際経済との調和を図りつつ、対内的に国内均衡を維持し、人間性豊かな福祉社会を建設」することが、財政金融政策の課題であると説いた。

田中角栄といえば、日本列島改造論が著名である。新幹線などの社会資本の整備を充実することを政策基調としていた。ハード面の充実を目指したものだが、田中内閣を財政面で支える愛知蔵相は、むしろソフト面の福祉社会を目指したということである。

愛知は指摘する。欧米先進国の場合、長期のバカンスを楽しむなど生活態度にゆとりがあるが、これは集中的、効率的に働いているためである。つまり、「一人当たりの国民所得は一人当たりの生産性の裏がえしでもある。所得が増え、余暇が増えるということは極めて好ましいことであるが、両者を同時に達成するカギは、経済活動の効率を高めることにある」と指摘する。だから、福祉社会を目指すためには、営々たる努力と相当のコストがかかる。「負担なくして福祉なし」と主張する。

◈多くの課題解決を期待され

愛知は、経済政策の目標は「国民のすべてが、現在に生き甲斐を感じ、未来に希望を持つような、豊かで健全な社会を建設することにある」と主張する。さらに「このような社会を建設するためには、物価の安定を図りつつ、経済成長の成果を国民各層が均しく享受できるような施策を講ずる必要」を述べている。大蔵大臣としては、「経済の拡大基調が予想されるため、予算規模を極力抑制し、公債依存度をできるだけ引き下げる必要がある」と考え、財政縮小を基本方針とした。そんな時、一九七三年一〇月六日、第四次中東戦争とそれに伴うＯＰＥＣ原油の大幅値上げが起きた。石油対策会議などが行われることになる。

愛知は政治家として、官僚として能吏であった。歴代の首相に多くの課題解決を期待され、愛知はそれに応えた。しかし、その問題が国内だけでなく世界に及んだ。本書のテーマは金融史なので触れなかったが、外務大臣として沖縄復帰に尽力したのも愛知である。ニクソンショックへの対応もそうである。欧米各国を相手に正確な舵取りが求められ、これらは体を蝕んだ。石油ショックで、とうとう愛知の体は音を上げた。一一月二二日、石油対策会議、補正予算決定の閣議に出席した後、早退した。翌日、午後から高熱を発し入院すると、そのまま急性肺炎のため永眠する。

【参考文献】

愛知揆一遺稿集刊行会『天神町放談』（不味堂出版、一九七四年）
日本経済出版会『愛知揆一追想録』（不味堂出版、一九七九年）

24

小原　鐵五郎

（一八九九―一九八九）

現代に通じる小原鐵五郎の言葉

◆はじめに

小原鐵五郎といえば、城南信用金庫理事長、会長だけでなく、全国信用金庫連合会第三代会長、全国信用金庫協会第八代会長などを歴任し、戦後の信用金庫業界を牽引した人物である。ほかにも金融制度調査会委員、経済団体連合会理事などを歴任した。信用金庫の転換期には国会などで発言し、業界への道筋をつけてきた〔41、50〕。大崎信用組合（城南信用金庫の前身）に入組して以来、戦後直後の動乱から信用金庫の設立、その後の信用金庫業界を牽引した人物であり、昭和の信用金庫の歴史は小原と共にあるといってよい。

著名な実業家は多くの名言を残した。名言とはその人自身から発せられる言葉だが、多くは当時の業界の状況を含意した内容である。だからこそ名言として語り継がれることになる。その意味で小原も多くの名言を残してきた。この小原の独特な考えは「小原鉄・（哲）学」などともいわれた。小原は何を語ってきたのか、紹介していきたい。

◆弱い人たちも安定した暮らしのできる世の中に

七人の兄弟のもと、五番目だった小原鐵五郎は日野尋常小学校高等科を卒業する。当時、尋常小学校は四年、高等小学校は四年なので、現在でいえば中学校の卒業である。大崎信用組合に入組したのは二一歳の時である。小原が勤めた大崎信用組合は大崎町役場の一室を間借りした小さな組合で、二年間は無給で手伝った。後に「小原鉄（哲）

学」といわれる小原の思想は、尋常小学校高等科までの学習と産業組合の講習会への参加、そして談話・体験といった経験に基づいている。徳川家康をはじめとした歴史好きで大河ドラマは欠かさなかったということなので、歴史からも多くの教訓を学んだに違いない。

信用組合への入組のきっかけは米騒動であった。一九一八（大正七）年、富山県魚津町の漁民の女性たちが米屋や有力者に対し、米の移出禁止や安売りを主張して実力行使に出た。越中女一揆とか女房一揆といわれるものである。これが瞬く間に全国に広がることになる。一八歳だった小原はこの事件に大変なショックを受けた。国民が失業や飢えに苦しんでいたなか、「弱い人たちも安定した暮らしの出来るような世の中にしなければならない。それが私に与えられたこれからの仕事だ」という使命感を持ち、大崎信用組合への入組を決めた。立石知満組合長のバイタリティーあふれる人格にもひかれたようである。小原にとって唯一の師と仰いだ立石組合長の「恒産なきものは恒心なし（ある程度の安定した財産がないと、心も動揺しがちで、安定した状態を保つことはできない）」という言葉は、小原の心を生涯支えた。

小原鐵五郎
出所：城南信用金庫提供

◆三つの経営信条

小原にとって三つの経営信条があった。それは金融機関という誘惑の多い仕事のなか、非難を受けずにやっていくために必要なことだと常に自戒し続けたことである。

一つは政治を経営に持ち込まない。政治にはかかわらない、ということである。政治への参加はもちろんのこと、特定人物への投票運動もやらないということだ。信用金庫の得意先には色々な政党を支持する人々がいる。政治に関与することで、金融で不公平な仕事をしているという印象を与えかねないということである。唯一の例外が、杉の子会の会長に就任したことだ（一九七二年五月まで）。これだけは健全な若者の育成という自身の信条と合致していたために関わった。それ以外は一切断ったが、晩年、このことこそが健康の秘訣だと述べている。

もう一つは、個人に金を貸さない。金を貸して、確実に返してもらえれば問題ないが、上手くいかなくなった時、自分が肩代わりすることにもなりかねない。だからやむを得ず人に金を貸す場合には、もう返してもらわなくて構わないという気持ちで貸すように割り切っている。

そして三つ目が信用金庫の業務に専心する。立場上、事業会社から取締役や監査役の就任の依頼を受けることがある。しかし、断るようにする。事業会社にとって、金融機関の人が重役になるということは、会社の信用が増え、無理な金でもいざという時に貸してもらえることを期待してのことである。

この三つの経営信条について、小原は色んな場面で発言しているが、決して独自の言葉ではない。政治を経営に持ち込まないという理念は、世界の協同組合原則として現在にまで引き継がれているロッジデール原則のなかに、「政治的・宗教的中立の自由」が定められている。また、信用金庫の業務に専心する姿勢は、産業組合には信用、販売、購買、利用の四つの業種があるものの、元来、信用事業はほかの事業との兼営は認められていなかった。これは信用組合が他事業に参加することでの弊害を踏まえたものである。信用組合の兼営については、一九〇六年の産業組合法改正によって認められるが、小原は信用組合における兼営の問題点を強く学び、認識していたのだろう。

このように三つの経営信条は、新しくも難しくもないことである。しかし、小原はこの三つの信条から踏み外し、経営が立ち行かなくなった金融機関や、業界を去っていった人を多く見てきた。だからこそ、この三つの信条こそが「金融人の常識」であり、「一業一貫の人生行路を平穏に歩むことのできた基本」と述べている。

◈裾野金融

小原は協同組織金融には、①中小企業の育成・発展、②国民生活の安定・向上、③地域社会への奉仕——の三つの理念があることを述べている。この三つのビジョンは小原自身の言葉というわけではない。小原が理事長・会長を務めた城南信用金庫の理念と同じである。ただ、小原は様々な場面でこの三つのビジョンを主張した。預金額が一兆円を超えても中小企業や一般大衆を対象とし、そのためにも預金金利の付利も他が一〇〇〇円以上でも、城南信用金庫では一〇〇円以上で行っていた。

日本の企業の九九・七％は中小企業とされている。日本の産業構造は二層構造といわれ、わずかな大企業と、ほとんどの中小企業によって構成されている。高度経済成長以降、大企業は世界的にも著名な企業へと成長するが、それを支えたのが中小企業である。中小企業においても、大企業への下請けだけでなく、多くのオンリーワン企業が登場した。

一九六八年六月に制定された中小金融二法（中小企業金融制度の整備改善のための相互銀行法・信用金庫法等の一部を改正する法律、金融機関の合併および転換に関する法律）は、中小企業金融のあり方を根本的に見直したものだが、この時の議論で信用金庫を株式会社組織にしようとする案が出されている〔50〕。信用金庫や信用組合も他の金融機関と同様に株式会社とし、税金を負うことを求めた。この時、小原は信用金庫を株式会社組織にすると株主の利益を優先しなければならず、融資面でも大口化を進めたり、融資先も安全な企業を対象にしなければならなくなり、信用金庫の役割である中小企業金融が果たせなくなると考えた。信用金庫の存在そのものが問われたのである。

この時、小原は、以下のような言葉で信用金庫のあり方を説明している。「富士山にたとえて、頂上は大企業中心に都市銀行さんがおやりになる。五合目のところは地銀さんやほかの銀行がなさればよい。私ども信用金庫というのは、裾野である底辺のあたりの金融をやる」という言葉である。信用金庫の業務分野を説明した裾野金融としてよく知られている。株式会社も社会的責任を果たす必要があるが、株主の利益を優先することになる。それにより、会員組織の小口の取引先を大切にするという信用金庫の理念を活かせなくなると主張したのである。

当時、金融機構の業務分野はほぼ決まっていた。都市銀行は企業集団（企業グループ）を形成し、地方の主だった企業に対しては地方銀行や第二地方銀行（相互銀行）が担っていた。これらは金利などにも反映している。また、商工中金は中規模企業のなかでも比較的大きな企業を担い、信用金庫や信用組合が中小企業を支えていたのである。ただ、小原は単に業務分担をわかりやすく紹介するために富士山の裾野にたとえたわけではない。むしろ、富士山の頂上が美しくあるためには、裾野の土盛りから始まり、一合目、二合目と積み上げることこそが大事と述べている。つまり、富士山を描くのに頂上だけを描いても美しさを描くことは難しいのと同じように、特定の銀行や大企業だけを支援するような金融政策では日本の経済の真の健全性は仕上がらないと述べている。金融機関の業務分担を振り返ることは金融自由化が進んだ現在、重要である。信用金庫や信用組合が中小企業を担当するのも理由がある。対人信用だけではないが、担保主義だけではない金融機関と中小企業の密な信頼関係のなかで金融がなされなければならないことを示している。

◈貸すも親切、貸さぬも親切

四〇年以上も前、第一次石油ショック以降の不景気の際、小原はこのような話をしている。「この間、日本銀行の人が『小原さん、金を少しよけいに出せば景気はすぐに回復してしまう』といっていたが、金だけじゃ今度は回復しないのではないか、やはりそこに生産活動が活発化しなければだめだ。『金を出せば生産活動は起こりますよ』というが、そううまくいけばいいけれども、なかなか簡単にいくものではない」（『週刊金融財政事情』一九七五年三月三日号）。四〇年以上も前の言葉だが、至極もっともである。

小原は言う。「金融機関は、ただお金を預かり、お金を貸し、その大きさを誇り、そして儲けていくというわけではない。企業に金を貸す場合でも、そこから利息を余計にもらおうとか、割引料を余計にもらうのではなく、その企業を育てるとか、家庭なら家庭の人たちを工面良くするということだ」と。美しい預金通帳やソファーを備えて子ども向けの絵本を置くようなことは真のサービスではないと述べている。

そこから生まれた「貸すも親切、貸さぬも親切」とは、二つの意味があるという。一つは、金を貸すにしても、相手がその金を借りて成功する資金なら、担保が不足していようが貸しても良いし、逆にその人のためにならないのなら、たとえ担保があったとしても貸さない方が良いとする。もう一つは、事業分量に応じた金額を貸すのが良いとする。一〇〇〇万円あれば良いという人に二〇〇〇万円貸したら、余計なお金で本業以外の事業を行い所帯を潰すかもしれない。逆に一〇〇〇万円必要なところを五〇〇万円しか貸さないとする。そうすると、五〇〇万円足りないと高利貸しから借りるようなことになれば元も子もない。金利も安い方が良いのだが、あまり安いと返す気がなくなってしまう、低利だからと長い間、お金を借り続けてしまう。こういった中小企業の難しさがあると指摘する。逆にそれだけ、中小企業は中小企業で専門金融機関に任せるべきだということか。

【参考文献】

小原鐵五郎『貸すも親切貸さぬも親切　私の体験的経営論』（東洋経済新報社、一九八三年）
伊藤正直「戦後地域金融を支えた人々（一九）城南信用金庫　小原鉄五郎」『月刊金融ジャーナル四七—七』（金融ジャーナル社、二〇〇六年）
城南信用金庫創立40周年記念誌編纂委員会編『城南信用金庫創立40周年記念誌』（一九八五年）
「小原鉄五郎」『私の履歴書　経済人13』（日本経済新聞社、一九八〇年）

25 下村　治（一九一〇—一九八九）

国民の幸福考えた信念の実務官僚

◆はじめに

下村治は、東京帝国大学経済学部卒業後に大蔵省に入省。戦後復興期は経済安定本部に入り物価問題に腐心した。大蔵事務官、大臣官房などを務めた。高度経済成長を理論的に支えた人物である。その後、国民金融公庫理事、日本開発銀行理事などを務めた。

学生時代の伝説がある。東大在学中にすでに「価値論に関する若干の考察」という論文を学内雑誌『経友』に掲載している。大内兵衛という著名な東大教授が、これを読んで「下村というのはどこの大学教授か」と言ったという。実話でない伝説とされるが、実際に学生時代に論文を執筆しており優秀であったことは事実だろう。

◆貧しい社会をなんとかしたい

一九三〇年四月、下村治は東京帝国大学経済学部に入学した。経済学部に入学した理由について、「当時世の中が貧しくて、やや騒然としかかった状態になったでしょう。そういう状態の中、何故そうなったのか、どうしたらそういう状態がなくせるのか、問題を感じて。それならば経済学を勉強しなきゃということで、大学の経済学部に入った」と、語っている。ところが、大学では「経済学に出会ってない」「いろんな試行錯誤をはかなくやっておった」というのが実態であった。

◆インフレ論

下村は物価が安定する要因として、①賃金の安定、②財政の安定、③社会的政治的情勢の安定の三つの要件を指摘する。悪性のインフレは物価の安定性を欠いた時のことをいい、通貨への信認に起因すると説いている。

戦後直後に急激なハイパーインフレが起きた〔20〕。戦前の公債は日本銀行が多くを引き受け、また敗戦後の生産力低下が重なり、急激な物価上昇になった。白米一升あたりの値段を比較すると、戦前の一九四〇年は四三銭だったのが、終戦の四五年だと五三銭、五〇年だと六〇円、五五年だと九八円になっている。インフレ自体は問題無いが、ハイパーインフレとなると問題である。下村はインフレを収束させるためには、①生産を増やすこと、②財政と通貨を抑制すること、③賃金を抑えることが基本的な三要件だが、この時期、物価が安定しないのは、①公定価格の権威が失われていること、②闇ルートを流れる物資の分量が圧倒的に増えていること、③正常な勤労者よりも闇ブローカーの生活の方がはるかに有利であることを指摘する。ただ、この時下村は、闇物価の動向を調べ、通貨供給量と比較して闇物価はほとんど騰貴していないこと、つまり、食糧危機にもかかわらず米の闇価格の騰貴率は二五％にも達しないことを突き止め、投機筋を排除さえすれば、悪性のインフレは抑えられると判断した。

だから、下村はドッジ・ラインによってインフレを収束に導いたという評価に対し、「ドッジはインフレ収束の局面にたまたま現われ、収束を『完成』させた」のだと評価する〔22、36〕。

下村治

出典：下村恭民氏提供

◈池田勇人と下村治

下村にとって池田勇人は大蔵省の一〇年先輩であった〔21〕。下村は入省してしばらくして結核を患った。横浜税関の業務部長に異動する時に、主税局の経理課長だった池田から「気にせずゆっくりしてこい」と声をかけられたという。池田自身、若い時に大病を患ったため、他人事ではなかったのだろう。戦後、池田が組織した勉強会に参加する。「木曜会」と称されたこの勉強会で、池田の「月給二倍論」や「所得倍増政策」が生まれることになる〔37〕。

池田勇人内閣の国民所得倍増計画は一〇年を単位としていた。計算では毎年七％ずつ成長すれば、一〇年後には二倍になる。よって、経済審議会は毎年七％成長を目標に設定した。それに対し、下村や池田は日本経済の成長力はもっと大きいとし、計画の出発点である一九六〇年の経済成長は実質一〇％以上伸びると考えていた。その理由は当時の日本経済について、①金本位制度の制約から解放され、②後進国的な制約も急速に無くなり、③工業の基礎が拡充され、生産能力の増強速度も西欧よりも高いと判断していたからである。結局、三年間九％成長を続けるということで池田内閣の見解が公表される。この時、下村は「九％はきわめて控えめな『腹八分目』よりもっと控え目な目標だと思う」と述べている。

ただ、下村はこの経済成長を実現するためには、民間部門の創意と工夫、決断と責任を基礎とする生産性向上の努力が必要であると力説する。だからこそ政府は、こうした創造的努力を刺激し、自由に発揮せしめる条件を整備することが重要だと主張する。

◈『日本は悪くない—悪いのはアメリカだ—』の刊行

一九八七年、下村治は当時の日本経済の状況認識を『日本は悪くない—悪いのはアメリカだ—』で著している。当時の米国は双子の赤字（貿易赤字、財政赤字）に苦しんでおり、日本の貿易黒字を強く批判していた。それに対する下村自身の意見をまとめたものである〔44〕。

二つの論点を紹介する。一つは、当時議論されていた貿易超過問題である。日本の輸出超過はアンフェアであるとする米国の主張に対し、下村は一九八三年以降、大幅な貿易黒字になったことを指摘する。その原因は、当時、米国が推進していたレーガノミクス(1)による経済活性化政策(経済膨張策)にあると主張する。つまり、米国経済が膨張したため、日本製品などを吸収し、結果、輸出超過になったということだ。この状態を下村は「追突された車が悪いという論法」と指摘する。

下村は「自由経済を一辺倒に守り抜くべきではなく、国民経済とのバランスが大事である」と主張する。米国は多国籍企業の意向を重視し過ぎで、国民経済の立場を無視している。実際、米国は自由主義を主張していながら、自動車の輸入を抑制していると主張する。その意味で、保護主義こそ国際経済の基本であり、自国の経済を確立するには弱い部分を保護すべきである。逆に自由貿易のために政治経済が存在するわけではないと述べている。

一九七三年二月、日本が固定相場制から変動相場制に移行した時、下村は「追い込まれ、押し付けられた」と主張した。日本の生産力が過剰で円高になっても輸出産業が伸びるので、むしろ減税し、社会福祉に振り向けるべきだと主張した。これは、愛知揆一の発想と同じである〔23〕。

二つ目は、世界経済の安定のためには、各国が節度ある経済運営を行うべきだと主張する。至極当然のことだが、下村は「(累積債務国のことを)異常な経済運営の代表格」と指摘する。人から借金して返済せず、新たな借金を重ねる。無責任の借金魔と同列だと批判する。これには貸した方も借金が返済できるか不安だし、貸し倒れも困る。節度を失った姿であり、世界経済に迷惑を及ぼすと主張する。

問題解決の方法は、無理矢理に膨張させた経済を縮小させることにあると主張する。米国の人々が享受している生活や、日本経済が経験した経済拡大はレーガノミクスによって無理を重ねた結果なのだから、その状態を維持するのは困難だと述べている。これは、五年前から身の程をわきまえず借金をして豪華マンションに入り、食事も服装も贅沢な生活をしてきたのと同類であり、それを諦め、分相応の生活をすれば良いのだと述べている。

また、貯蓄への批判に対し、日本人の貯蓄心の背景は正確な計画ではないものの長期的な家計行動の表れであり、伝統的な社会風土だと述べている。こうした日本人の消費態度は極めて健全であり、消費抑制的な状態は日本経済にとって宝のはずなのに、消費をむやみに増やそうとするのは、その宝を破壊しようとしていると主張する〔前43〕。内需拡大の方法として国民消費をむやみに増やそうとすることは、浪費的な滅茶苦茶な国民になると批判する。

◈人間ファーストの経済思想

下村は言う。「経済活動は、その国の国民が生きるためにある。国民の生活をいかに向上させるか、雇用をいかに高めるか、従って付加価値生産性の高い就業機会をいかにしてつくるか、ということが経済の基本でなければならない」と。国民経済であり、人間ファーストの経済思想の持ち主であった。下村は、経済成長とは人間の値打ちを高めることであり、消費者物価の上昇は人間の値打ちの上昇にあると考えた。お金を中心に経済を見ようとする考え方は要らざる混乱を招くという、独特な価値観を有していた。

岩戸景気で好景気の時のことである〔44〕。一九五九年に国民金融公庫理事に下村が就任した時、「(昭和)三一年度からの設備投資で、ものの供給力がうんと増えているのに、健全財政、金融引締めの一点張りでは経済は伸びない…」と語っている(「朝日新聞」一九五九年六月一〇日)。池田勇人が所得倍増計画を発表する直前の一九六〇年五月にも需要の伸びが不足しているとして、金利を引き下げ、減税を推進することを提唱している(「朝日新聞」一九六〇年五月一三日)。

一九六四年後半から一九六五年にかけて証券恐慌を招いた時〔47〕、下村は国際収支は黒字であり、卸売物価も安定しており賃金と生産性の関係も健全であるとし、日本銀行が金融緩和をし長期資金の需要に応えるべきだと主張する。将来を見通し、現状を分析し、臨機応変に攻める時は攻めて、守る時は守る。これが下村理論なのだろう。

この下村理論は、下村が経済学を始めた時から生涯を通じて同じであった。下村が高度経済成長を導いた思想的な背景には、「企業が儲かる」「株価が上がる」「贅沢ができる」などといった数値による単純な目標達成ではなく、国民の幸福を考えていたのである。信念の実務官僚であった。

【注】

（1）一九八〇年代に、アメリカ合衆国大統領ロナルド・レーガンがとった経済政策の総称。具体的には経済活動の規制緩和・撤廃による自由競争の促進、通貨供給量に基づく金融引き締めと緩和、戦略防衛構想（ＳＤＩ）の推進による軍事支出の増大、大規模減税による供給面からの経済刺激策などで、米国史上三番目の好景気になったといわれている。ただ、結果として貿易赤字と財政赤字の双子の赤字を増大させた。

【参考文献】

下村治『日本は悪くない―悪いのはアメリカだ―』（文芸春秋社、一九八七年）
上久保敏『下村治』（日本経済評論社、二〇〇八年）

コラム１　景気動向と金融の関わり

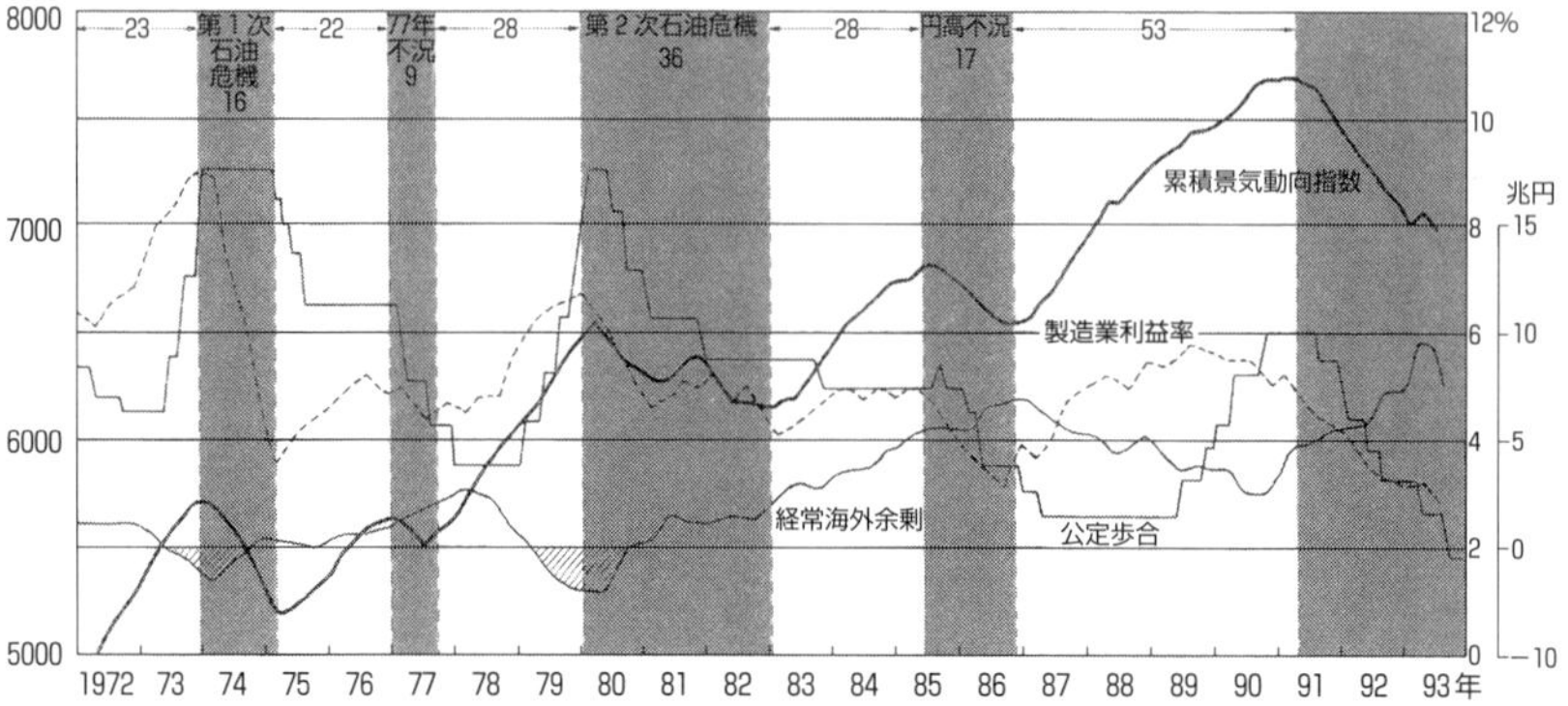

石油危機以降の景気動向

出所：原朗『改訂　日本経済史』（放送大学教育振興会，2001年，153ページ）

日本は加工貿易国という性格から，戦後の日本経済は製造業が景気を牽引した。景気が堅調の時は，設備投資が急増し，工作機械などの輸入が増加するため，国際収支が悪化する。このため，公定歩合を高めることで投資を抑制する政策がとられた。

日本銀行は銀行の銀行といわれるように，金融機関に対し，公定歩合にもとづき貸し出しをした。このため，各金融機関は公定歩合に連動して金利が変動したのである。

高度経済成長が終わり安定経済へと進む中，製造業だけでなくサービス産業なども重要な景気の要素として加わった。また金利の自由化が進められる中で，次第に公定歩合と金融市場との金利の連動性は失われるようになる。

第2部

金融史としての戦時期

戦争は、国と国の盛衰をかけて行われる。個々人の夢や希望よりも国家を優先することが求められる。もちろん命がけである。勝利することなしに国の存続は無いとすれば、財政の支出額は青天井になるのも当然だろう。その状態は後に異常というのは容易だが、現場の当事者にとっては現実的な判断なのである。

第2部では、戦時期の動向について、現場の銀行の動向を中心に紹介した。戦時統制経済に金融は深くかかわっている。それは改めて紹介していきたい。

戦時期だからこそ、本来あるべき銀行経営や仕事が歪められている。この点について具体的に紹介した。また、戦争が行われていても給与などは金銭で授受される。つまり、戦場であっても、金融活動は行われており、銀行員は現場から離れるわけにはいかない。戦争に関わるのは軍隊だけでなく、遠い存在に思われる銀行員も関係した。全ての人にとって無関係ではないのである。

26 勝つために貯蓄を

戦争に勝つためには多額の資金がいる。そのために、政府は大量に国債を発行した。これらの国債は国民に積極的に貸し付けるだけでなく、銀行にも貸し付けた。国債を購入するために、銀行は国民に貯金を推奨した〔前43〕。

一九三七（昭和一二）年には第一次近衛文麿内閣のもと、国民精神総動員運動が推進された。この運動は、国家のために自己犠牲をしてでも国民としての精神（滅私奉公）を遂行する運動であったが、その一環として行われたのが、貯蓄運動であった。お国のために必要なものだけを買うようにし、できるだけぜいたくをしない。余ったお金は貯金するというわけである。「ぜいたくは敵だ」という有名な標語もこの時期のことである。

政府は、一九三八年四月、国民貯蓄奨励局を、五月には国民貯蓄奨励委員会を設置し、年間の貯蓄目標を定めている。さらに六月二一日からの一週間を「国民精神総動員貯蓄報国強調週間」と定め、国民へ貯蓄を推奨した〔27〕。

群馬県でも国民精神総動員県実行委員会を設け、貯蓄目標は八〇〇〇万円とした。

「支那事変國債」募集ポスター
大蔵省と郵便局によるもの。

群馬大同銀行（群馬銀行の前身）でも、ポスターやチラシを作成するだけでなく、常会が開催される隣組にも支店長や預金係が出向き、貯蓄の重要性を説いて回った。その結果、一九四一年五月の預金総額は一億円を超えている。その後も「滅敵必勝貯蓄実践運動」「四百十億決戦貯蓄増強運動」「決戦貯蓄総努力期間」など、勇ましい名称で貯蓄運動を展開したのである。

一九四一年八月、群馬県では県知事自ら銀行を一つにまとめるよう斡旋にあたっている〔16〕。当時の一県一行主義の全国的な流れによるもので、群馬県だけのことではなかった。具体的には富岡銀行、大間々銀行、松井田銀行、下仁田銀行、上毛銀行の五行は群馬大同銀行と合併するように強く要請したものである。戦時下の銀行機関の整備、強化の一環であったが、これにより資金力が増強された。

一九四一年下期の預金勘定を参照すると（カッコ内は国債貸出額）、期末残高は、一億三九五六万円（三八八七万円）であった。その後も貯蓄奨励運動が功を奏し、一九四二年下期は一億七四九五万円（五八三四万円）、一九四四年下半期は二億五一八〇万円（一億一六七一万円）、終戦直後の一九四五年九月には八億五八六八万円（四億二五二九万円）と、着実に預金額を増やし、それを国債へと振り向けたのである。

【参考文献】

『群馬銀行五十年史』（一九八三年）

27 戦時下の貯蓄運動

貯金は大事なことである。お金があれば使ってしまうという考えではなく、必要な時に物を買えるように貯蓄することは美徳である〔前43〕〔26〕。また、現在はマイナス金利といわれる。それは、使わないよりも使うほうが良いとされている。

一九三七（昭和一二）年、日中戦争が本格化すると近衛文麿内閣は国民精神総動員運動を展開した。翌年には国家総動員法が制定されるが、この時に具体的な運動の一つとして行われたのが国民貯蓄奨励運動である。

戦前よりあった会社や学校、青年団などによって組織された貯蓄組合によって展開された。一九三八年度の八〇億円を皮切りに、一九四五年度の六〇〇億円に至るまで、毎年「国民貯蓄増加目標額」が設定され、貯蓄運動を推進した〔26〕。「贅沢は敵だ」と叫ばれた時代で、消費意欲を抑えることも意図していた。「無理をしても貯金するのが戦時下の本当の貯蓄だ」といわれ、無いものを絞り出して貯金することこそが肝要であるとされた。

一九三九年六月の愛知県における小学校児童の預金状況の調査によると、四八万人の児童のうち三八万人が貯金をしている。また、貯蓄目標額を達成するため児童生徒に習字・作文を書かせ、貯金で国に報いるよう指導している。習字では、例えば国民学校初等科二年生（現小学二年生）には「せんさうちよちく」、三・四年生が「戦争貯蓄」、五・六年生が「貯蓄は銃後奉公の途」、高等科一・二年生は「銃後戦線貯蓄完勝」を書くように指示された。

戦前の小学校でも貯金活動があった。「参宮貯金」である。伊勢神宮へ参拝に行く修学旅行のための、いわゆる積立貯金である。東京府の錦華小学校では、一九二四（大正一三）年から毎日一銭ずつ参宮貯金をし、尋常小学校六年生の修学旅行の費用に充てていた。この後、修学旅行は中止されるが貯金活動だけは続くことになる。

戦時中は切手貯金という方法もあった。「郵便切手貯金台紙」という台紙に、一〇銭の郵便切手を五枚貼り付けるもので、五〇銭になれば最低預入金額に達するという仕組みだ。この郵便切手貯金の制度は戦前も行われていたが、その時はより少額な五厘、一銭、二銭切手なども貼ることを認められていて気楽に取り組めた。しかし一〇銭切手のみに限定されたため批判が相次ぎ、制度再開から二年後の一九四三年七月に停止した。

戦時体制下では子どもたちの小遣いまでもが、貯蓄に強要されたのである。

【参考文献】

吉川卓治『「こども銀行」の社会史』（世織書房、二〇一六年）

28 日本武尊の千円札

一九四一（昭和一六）年一二月八日、日本海軍が真珠湾を攻撃し、太平洋戦争が開戦した。日本は、世界を相手に戦争を始めたのである。この時期、「贅沢は敵だ」、「鬼畜米英」などと共に叫ばれたのが、「戦線へ爆弾を」である。政府は爆弾製造のために大量の国債を発行し、国民に国債購入を勧奨した〔26、27〕。

翌年四月、千円札が新たに制定・告示された。これまでは、五円札や一〇円札が一般的で、それ以上の高額紙幣は、一九二七年に発行された二〇〇円札であった。当時は、東京～大阪間の三等列車の乗車料金が八円五〇銭で、うるち米一升の価格が四三円の時代である。ちなみに、銀行における大学卒業の初任給は七五円（一九四三年当時）であった。それだけに、千円札というのは、まさに〝ケタ違い〟の額面である。

1945年８月の終戦直後に発行された日本武尊の千円札
出所：日本銀行金融研究所 貨幣博物館提供

さて、この千円札の肖像として選ばれたのが、「日本武尊（やまとたけるのみこと）」である。日本武尊といえば、『日本書紀』や『古事記』に登場してくる伝説上の人物だ。例えば、草原で火攻めに遭った時には、草薙剣（くさなぎのつるぎ）で草を掃い、迎え火をつけて敵を焼きつくした（静岡県にある焼津や草薙の地名の語源ともいわれる）。また、走水（はしりみず）（横須賀市）の海が荒れ、日本武尊が乗った船が危険に遭遇した時には、后である弟橘媛が入水して波を鎮めた。このため、東国を平定した時に「吾妻よ（わがつま）」と嘆き、東国地方のことを「吾妻＝あづま」と呼ばれるようになったといわれる。他にも熊襲討伐の時、熊襲健（たける）を殺害するために女装したという話が残されている。

これらは神話であるが、戦前の庶民の間では、日本武尊は勇敢で荒々しい性格ながらも妻思いであり、故郷の大和を思う優しさも兼ね備えた人物として人気があった。また、女装をすれば、周囲の女性よりも美しいというほどの美男子とも言い伝えられている。確かに日本武尊の実物は、誰も見たことがない。しかし、千円札の肖像は神話の叙述の通り、美男子で描かれている（写真）。

戦時中という慢性的な財政不足のなか、国家財政を膨らませるのに一番容易な方法は、紙幣の増刷であった。当時の政府は、まさに神がかり的な武人の力を持つ日本武尊に、戦時中のさらなる戦意高揚と紙幣の魔力を期待したのかもしれない〔前61、67〕。この高額紙幣は非常のための準備として事前に製造したもので、実際に発行したのは終戦直後の一九四五年八月一七日であった。ポツダム宣言を受諾したあとに高額紙幣を発行しても、インフレを助長するだけで、軍神としては形無しか。

29　沖縄戦下の銀行員

銀行業務は戦争に無縁ではない。戦争中でも金銭授受は欠かせない。沖縄戦に巻き込まれながらも、職務をまっとうした銀行員の話を紹介したい。

一九四四（昭和一九）年一〇月、那覇市は数度にわたる米軍機の空襲で一面焼け野原になった。鹿児島銀行沖縄支店は当時、行員五三人を擁し、本店に次ぐ規模であった。同店も空襲によって倉庫以外は焼失。幸い金庫室は難を逃れ、現金、帳簿、重要書類は残った。

同店は、仮事務所を転々としながら日本銀行代理店として、軍に対する預託金支払いや国庫事務を継続した。四五年二月一六日、軍経理部が所在する津嘉山（南風原町）に移転した。この場所は軍司令部が造った壕の一つで、沖縄陸軍病院の分院としても使用された。壕の全長は二キロメートルに及び、兵士や学徒隊など三〇〇〇人を収容したといわれる。

銀行用として用意された壕の横幅は三〇メートル以上、奥行き二五メートル程度であった。この時から壕内営業となる。一般業務はほとんどなくなり、国庫金支払い中心の業務である。

米軍は同年四月一日の沖縄本島上陸を控え、三月になると海上からの砲撃や空襲を執拗に行った。こうした中でも、行員たちは営業を続行した。三月一日には現金や重要書類を壕に移し、一九日から期末決算書類の作成に入り、当期総益金、総損金ならびに純益高を電信で本店へ報告。二一日には決算総整理のため行員二四名全員出勤し、午後には山羊料理で慰労会を開催した。さらに、二二日には決算報告書を航空便で郵送した。この日は軍関係の給料日であり、二〜三万円近く、合計二一三万円近くを支払った。

沖縄戦で戦闘中のアメリカ海兵隊員
日本軍狙撃兵に向かって火炎放射をしている。
出所：沖縄県公文書館所蔵

行員の中には疎開した者もいたが、多くは入隊や応召を余儀なくされた。業務を続けた行員は三月二日時点で二三人居たが、三月二三日には九人に激減している。

三月二五日、米軍が慶良間諸島へ上陸した。前日の空襲では「空は凡(すべ)て敵機に埋(うま)る」、米軍上陸の報には「皆々緊張を覚ゆ」とある。こうした動きにあわせ、沖縄本島への艦砲射撃が一段と激しくなった。しかし、行員たちは攻撃が弱まる夕刻を待って事務所へ出勤し、営業資金などの壕内搬入を行っている。この時、支店の幹部三人は銀行業務を続け、他の行員は自由意志とした。しかし、大半の行員は壕内に残ることを決断。空襲や砲撃を受けつつも、共に業務を遂行することにした。

三月二九日、津嘉山の村々が爆撃されて営業所は類焼の危機に陥った。行員たちは家族と共に壕へ行き、帳簿や書類一切を持ち出し、焼失を免れた。しかし、行員の自宅などは丸焼けとなり、無一文になった人も多い。当時の状況を記した「陣中日誌」には「全員愈々(いよいよ)相親和シ、身心ヲ捧(ささ)ゲ、以テ職域奉公ノ大義ニ徹スベク誓フ」とある。

　米軍上陸前夜の三月三一日、行員たちは壕内で帳簿や書類、現金の整理を行った。この時、八人の行員（小使含む）と、その家族など四人が残っていた。

　同年四月一日、米軍は沖縄本島への上陸を開始する。鹿児島銀行沖縄支店は、軍経理部が所在する津嘉山（南風原町）の壕内で、攻撃が弱まる夜間に軍関係の取引きを継続していた。しかし、壕内の衛生状態は悪く、行員や家族の中には病に倒れるものも続出した。そのため、壕から出て民家に立ち寄って水浴びをしたり、行員一同でラジオ体操をしたりした。方言を使用することも禁じられている。次第に、「行員の志（士）気衰へたるを感ず」と、元気が失われている様子がうかがえる。そして、艦砲射撃の至近弾を受けても、「無事」と恐怖を感じない心理状態になっていた。

　戦況が悪化するなか、同一〇日には軍の現金焼却準備命令が出され、ガソリン二缶を受領。壕内は、灯火用の油がなくなり、銀行の業務は次第と困難になった。同二八日、行員たちは遺髪を残すため散髪をした。この時期になると砲撃により、多くの人が死んでいる。そんななか、五月五日は節句を祝いボタ餅を食している。

　五月一八日、営業資金の現在高の突き合せを済ませ、保管金、預託券の総括一覧表を作成し営業所を閉鎖。手持ち現金（営業資金、保管金、預託券など）の大半である二八〇〇万円余りを軍に引き渡し、保管金硬貨三万三〇〇〇円余りは麻袋九三袋に収め、壕内に埋めた。同二三日の午前七時、行員の一人が壕から出て坂を歩いていた時、艦砲射撃を受けた。すぐに壕内へ収容されて軍医の診察を受けたが、午前一〇時半に絶命した。

　同二七日、軍司令部が首里から津嘉山まで後退。これに伴い、軍経理部と銀行は後方退避を命じられた。全ての行員は遺書を書き、重要書類と遺留品は壕内に埋めた。同二九日の夕刻、津嘉山の壕を出発。移動する際、行員たちは帳簿の重要な内容を書き抜いた書類を携行していた。新たな拠点となる真壁村真栄平に到着したのは、同三一日のこと。行員は七人。そこで一〇日ほど過ごした。その間、火炎放射や艦砲射撃を受け、三人の行員が殉職。その家族も亡くなった。首里城の陥落をここで聞く。その後、各所に脱出を試みるものの米軍の上陸により行くべき場所もわからなくなっている。六月一五日には、行員二人、小使一人とその家族が射撃などにより死んだ。

六月一六日、軍の解散命令によって、行員たちは自由行動となった。二人の行員は退避したが、その後の行方は不明である。残った二人の行員は、軍人と共に斬り込み突破を試みたが失敗。軍人たちは即死したが、行員一人は生き延びて銀行用携帯書類は埋め、そのあと山林へ逃げた。同二七日、米軍に発見され、米軍病院へ収容された。このあと二か月ほど、米軍病院で看護を受けた。

彼が鹿児島の地を踏むことができたのは、終戦から一年以上経った四六年の暮れのことである。

【参考文献】

『鹿児島銀行百年史』（一九八〇年）

30 空襲時の現金の隠し方

一九四五（昭和二〇）年三月一〇日、東京の上空に米軍の爆撃機が飛来し、大量の焼夷弾を投下した。この東京大空襲では、一〇万人以上の死者が出たといわれている。戦時中、銀行にとって現金の管理は難題だった。

例えば、広島県呉市は軍港があるため、米軍の攻撃目標にされた。初めての空襲を受けたのが同年三月一九日で、七月だけで五度も標的にされた。特に、七月一日の夜から二日間にかけての空襲では、焼夷弾攻撃で市街地の大半が焼失した。芸備銀行（現広島銀行）では、女子行員二人が犠牲になった。

同行の三津田支店は空襲によって、金庫を含めて全焼した。空襲前、同店では数一〇万円（現在の数千万円）の現金を有していたが、それは見事に無事であった。さて、どうしたのだろうか。当時、支店は貸越元帳や契約書などの書類を本店へ恒常的に送付し、取引状況も一〇日ごとに報告していた。ただし、現金はある程度、支店が管理しなければならない。大きく頑丈な金庫があれば別だが、残念ながら支店には無かったのである。

答えは、「井戸に沈めた」である。同店は、空襲が迫る中で多額の現金を持って逃げるわけにもいかない。頭を悩ませた結果、竹などを編んで作られたカゴの一種である「行李（こうり）」に現金を入れて井戸に沈めた。さらに石を投げ込み、見えないように工夫した。空襲の翌々日、多くの建物が焼失し焼け野原となっていたが、行員たちがやっとの思いで井戸を見つけた。瓦礫や焼け落ちた壁土、木片などと一緒に現金の入った行李も見つけ出したという。

息継ぎ井戸（赤穂市）

赤穂藩主（浅野長矩）の刃傷事件を報告する時，この井戸で一息して，赤穂城へ入ったとされる。そこに札束があったら驚きだ。

ただし、行李の中の紙幣は水浸しの状態だった。そのため、行員たちは一枚一枚乾燥させ、日本銀行広島支店に持ち込んだ。鑑定を受け、紙幣であることが確認され、新券に引き換えることができたのである。

銀行には、預金業務という市民からの大事な現金を預かる仕事がある。戦時中であればなおさらのこと。空襲で焼け野原になった時、市民が生き抜くためにも現金は欠かせない。銀行に預金していることが明日への励みになるのだ。ただ、銀行もまた被災の可能性があった。市民から預かった大事なお金をいかにして安全な場所に保管するのかは、当時の銀行マンにとって大切な課題だったのである。

31 戦時期の行員たち

一九四一（昭和一六）年一二月、真珠湾攻撃が行なわれ、日本の戦争が本格化すると、男性の兵隊への動員が強化された。「根こそぎ動員」といわれるもので、銀行経営に影響を及ぼしたのは、四四年八月の「労務者配置規制に関する件（閣議決定）」であった。

これは金融保険業を不急産業部門に分類し、女性の雇用を全従業員数の六割としたものである。これを受けて銀行は、男性行員の採用が困難になった。男性行員は軍隊へ応召されることが増加し、産業動員へも徴用されるようになった。また、採用された女性行員は業務経験が不足しており、銀行の事務効率の低下は著しかった。

仙台空襲の被害

出所：仙台市民映像資料プロジェクト制作「よみとき仙台写真集」提供

終戦前月の四五年七月、七十七銀行（宮城県・仙台市）では総行員数一二四五人のうち、男性行員の応召者・応徴者は二三四人。銀行で実働していた男性行員は四五三人で、女性行員は五五八人だった。しかも、女子行員のうち三分の一は、四四年八月に公布された「女子挺身勤労令」（一四歳から四〇歳までの女性は軍需工場などに強制的に動員される）によって入行した、銀行業務経験のない人たちであった。

同行は、空襲での書類の焼失を防ぐために、担保有価証券をはじめとした重要書類は、宮城県郡部にある支店へ疎開させた。預金や貸付などの主要帳簿は複式として、疎開先の支店にも備え付けた。これらは毎日、書き抜きを送り、仙台市内の支店と疎開先の支店の双方で記帳するようにしたのである。国民貯蓄組合預金や国民貯金などの残高照合は口数が多く、行員にとって大変な負担であったという。

四四年八月に米グアム島が制圧され、四五年三月に硫黄島が陥落すると、本土空襲を受けるようになった。仙台は同年七月九日夜、大空襲を受けた。同行も本店を始め各支店・出張所が焼失した。殉職者が一人、罹災による死亡者が一人、市内の行員の三分の一が罹災した。各支店の金庫も開閉不能となった。

こうしたなか、同行は、犠牲者と罹災者に対し弔慰金や見舞金を贈り、また、市内の建物を新たに買収し、希望する罹災者に対して開放した。さらに被害のなかった郡部の支店を通じて、食糧や生活必需品を調達し罹災者へ提供した。

大空襲を受けたにもかかわらず、同行が営業を開始したのは、翌七月一〇日のことである。仮営業所を設置し、電信や電話が不通のため、支店間の連絡は徒歩でつないだ。多くの行員たちは罹災しながらも、業務を遂行したのである。

【参考文献】
『七十七銀行百年史』（一九七九年）

32　爆風を耐えた日本銀行広島支店

広島を訪れた金融関係者にぜひ見てほしいのが、広島市指定重要文化財の旧日本銀行広島支店である。爆心地から三八〇メートルの地点にありながら、爆風に耐え現在もその姿をとどめている。

一九四五（昭和二〇）年八月六日、原爆の爆風は旧日本銀行広島支店の門扉やガラス戸などを吹き飛ばした。建物は堅牢だったため、天井は落ちず倒壊だけは免れた。地下の金庫室も内部損傷を避けられた。一階、二階には日本銀行の行員が、三階には疎開で間借りしていた大蔵省広島財務局の局員がいたが、大半の職員は亡くなった。緊急時だからこそ、金融活動は一日でも閉塞状況に陥るわけにはいかない。日本銀行岡山支店の応援を受け、業務を再開したのは二日後の八月八日のことである。

今から見れば、放射能汚染の危険が指摘されるだろうが、当時はそれを知る術すらなかった。まさに命知らずの仕事ぶりである。日本銀行広島支店は、営業が困難な市内九行のために提供した。これによって、市内の金融機関は支払業務を再開することができた。

旧日本銀行広島支店

1945年８月６日８時15分，原爆で一瞬のうちに多くの命が失われた。広島では８月６日を「ハチ・ロク」と呼ぶ。
出所：広島平和記念資料館提供　米軍撮影

その一つである芸備銀行（現広島銀行）は、市内に本店一、支店一四、出張所一の合計一六店に役職員約四五〇人が勤務していた。そのうち、本店をはじめ八店が全焼、三店が半焼、一四四人が死亡、三三人が重傷を負っている。橋本龍一頭取（当時）は尾道から超満員の列車に乗り、海田市駅からは徒歩で日本銀行広島支店まで駆けつけた。橋本頭取を含め二五人は、日本銀行広島支店で営業を再開した。日本銀行から机や椅子、伝票などを借用し、さらに営業資金も借り入れて業務を始めた。八日に訪れたのは普通預金の引き出しに来た一人だったという。

本格化したのは、一三日の月曜日からである。貸付・為替、預金受入業務は停止し、普通預金の支払いと火災保険の代払い業務のみを行った。狭いロビーに殺到する来客者のため、番号札を渡し、窓口担当者が混乱を防いだ。

来客者は無印鑑・無通帳だった。どちらも焼失した人が多かったのである。そのため、顔見知りの行員が認定し、指印と念書のみで払い戻し請求に応じた。当時の預金課長の話によると、「平素の取引きから、お客さんを見て判断していたため、『さすが芸備銀行。地元銀行で迅速だ』と感謝された」という。この件について、後日大きな紛争もなく、信用を保持したといわれている。

市内の状況に目を移すと、銀行業務が再開された翌九日には、路面電車が走りはじめた。金融機関が営業を再開し、路面電車が動く。この様子は、復興への実感を与え、人々に勇気を与えたに違いない。

【参考文献】

廣島銀行『創業百年史』（一九七九年）

33 五度の引っ越し

戦時中、銀行は空襲による焼失などで、本店を何度も移転することがあった。ここでは、兵庫無尽（兵庫相互銀行、兵庫銀行）を例に紹介しよう。戦時統制期、無尽業界では一県一行主義に基づく、無尽業合併方針が全国的に推進されていた〔16〕。一九四四（昭和一九）年五月一五日、兵庫県下では三つの無尽会社（東亜無尽、神戸大同無尽、山陽無尽）の合併契約締結の調印が行われ、兵庫無尽が誕生した。

兵庫無尽は新たなスタートを切ったものの、当時は太平洋戦争の真っ只中。しかも兵庫県内には、軍需工場が多く、米軍の空襲対象となっていた。神戸港が空襲を受け、その後、県下各地が爆撃された。同八月一五日の終戦までに、空襲は五五回あり、焼夷弾三五万個が投下された。これらの被害は罹災者七八万人、死者一万人を超えた。

兵庫無尽は、合併後の最初の本店を神戸市荒田町（現・兵庫区）に構えた。しかし、同本店は一九四五年三月に爆撃を受けて全焼した。このため、布引町（中央区）に置かれていた元東亜無尽の本店へ即日移転した。ところが、同六月の爆撃で、その建物も全焼した。そこで、本店所在地を神戸市から西宮市へ移すことを決め、西宮出張所を本店の仮営業所とした。しかし、同八月の空襲で、その出張所も焼失したのである。

移転先探しは困難を極めたが、結局、神戸市下三条町（兵庫区）で焼け残っていた平野国民学校が移転先に決まった。無理に頼み込んで仮本店としたものの、児童用の机や椅子ばかりで、事務処理がなんとかできる程度であった。それでも、兵庫無尽の移転先のうわさを聞き、来店する客もいたという。だが、ここも安住の地ではなかった。終戦後、児童が疎開先から帰ってくると、平野国民学校は学びの場に戻るからだ。兵庫無尽は、次の移転先を探すことになった。

四度目の引っ越し先は、神戸市葺合区（中央区）の横山倉庫であった。倉庫のため、天井は高く、窓は小さく、数も少なかった。電灯はなく、昼間でも暗い。兵庫無尽の職員たちは、手作りの机にローソクを灯して業務を行った。

一九四七年に神戸市生田区加納町（中央区）へ本店を移転し、本格的な営業再開にこぎつけた。この間、移転は五回。最初の移転時には、緊迫感の中でも職員たちは「焼酎を飲むぐらいの意気軒高だった」ようだが、度重なる本店焼失に意気消沈したという。しかし、職員たちは空襲の危険、食糧難、人員不足の中でも、業務を続けたのであった。

【参考文献】
兵庫相互銀行50年史編纂委員会『兵庫相互銀行50年史』（一九六二年）
兵庫銀行『記録兵庫相互銀行の時代』（一九八九年）

コラム２　日本の債務の推移

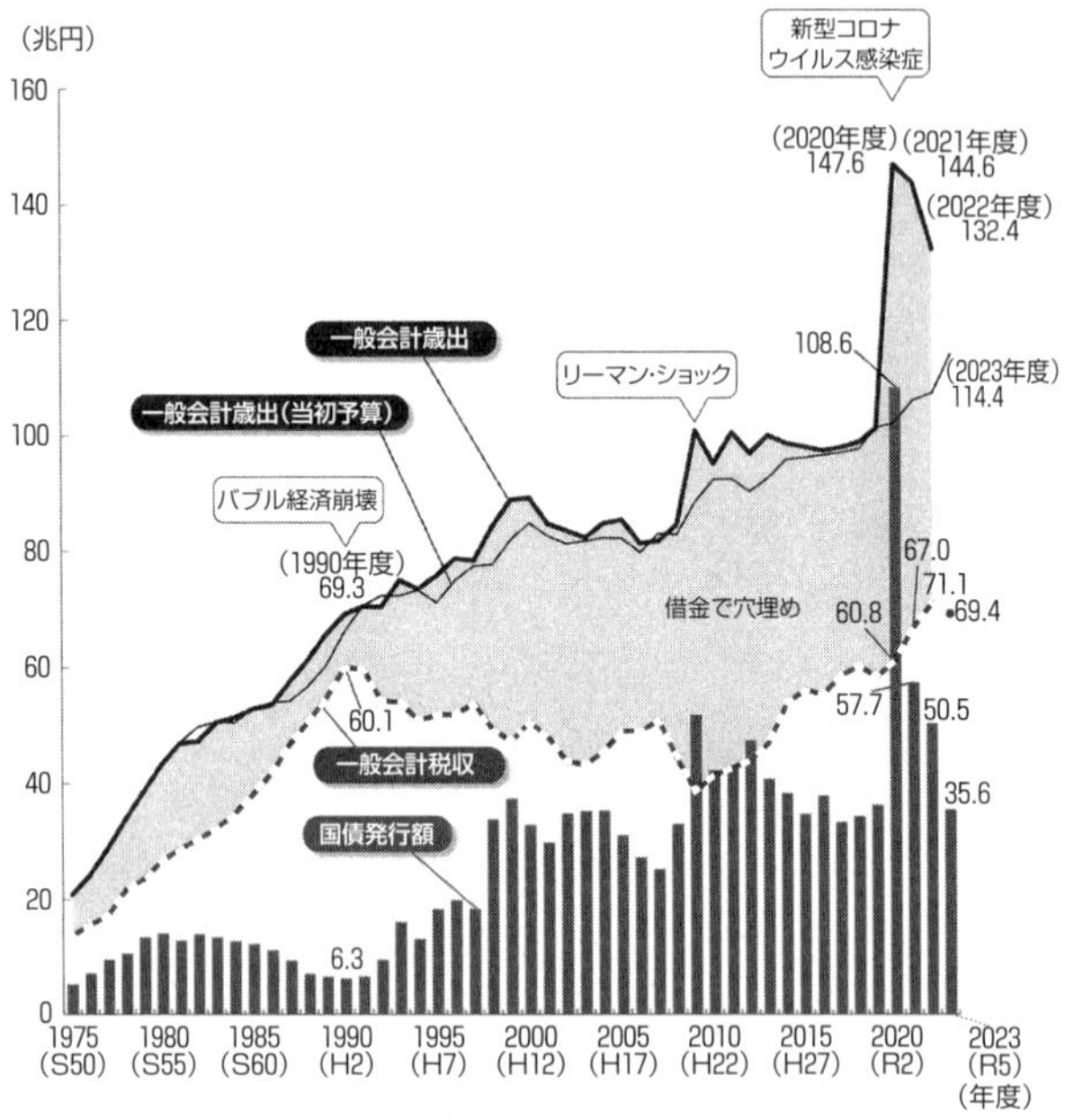

日本の借金への依存状況

注：2022年度までは決算，2023年度は予算による。

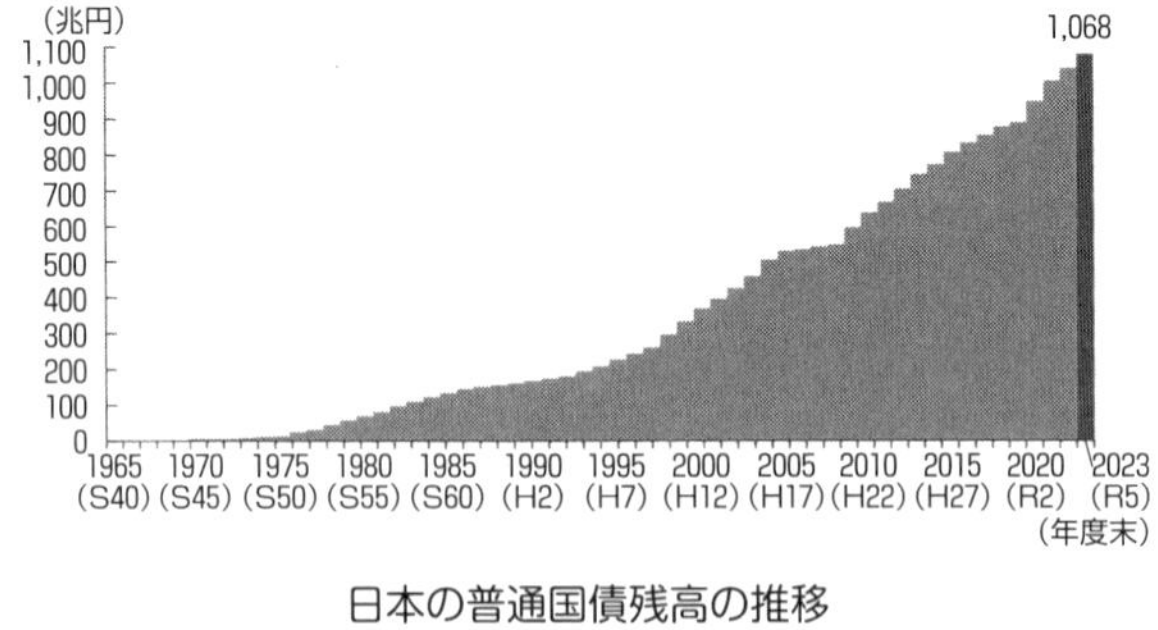

日本の普通国債残高の推移

注：2022年度までは実績，2023年度は予算に基づく見込み。

出所：財務省ウェブサイト「これからの日本のために財政を考える」

https://www.mof.go.jp/zaisei

財務省のホームページを参照すると，現在における日本の借金（累積債務）の様子がわかる。

第3部

金融史としての現代

現在は令和の時代である。歴史の中で現代といえば、もはや昭和の時代はすべてを含めてもおかしくはない。ただ、本書では高度経済成長期まででとどめてある。

戦後直後の日本は戦時期の放漫財政の影響で、ハイパーインフレが起きていた。しかも物資不足で、日本経済はどん底であった。この問題を解消するために、新円切替を実施し、傾斜生産方式など経済政策を展開する。その後、展開されたドッジ・ラインが一九七〇年頃までの政策基調になっていく。

一九八〇年頃までの経済動向を振り返ると、好不況が繰り返されることは戦前と変わらない。しかし、大きな違いは、戦後は不況であっても恐慌に至らず、短期間で脱することができたという点である。それは偶然ではなく、経済政策や世界情勢に大きな理由があったということである。

34 新円切替

かつて一ドル＝三六〇円だった頃、国内ではデノミネーションの実施が強く叫ばれたことがある。デノミとは、通貨の呼称単位を変更すること。ただ実際に国内外でデノミが実施された例を見ると、市場の通貨量を縮小させるため、新旧通貨を切り替えるケースが多い。

例えば、二〇〇九（平成二一）年に北朝鮮が通貨ウォンのデノミを実施した。旧通貨と新通貨の交換比率を「一〇〇対一」にするというものだ。同時に、一人あたりの交換額を一〇万ウォンに制限した。仮に、交換限度額以上の旧通貨を自宅に保有していても、新通貨には交換できず、眠らせることになる。「そんなむちゃくちゃな」と思うかもしれないが、戦後の日本にも似たような事例があった。

終戦直後、兵隊をはじめとして帰国した人々が多くいた。物不足となり、さらに戦前からの多額の通貨が市場に流入していた。こうして急激なインフレーションのリスクが高まった。この時、政府が実施したのが金融緊急措置令（写真）である。一九四六（昭和二一）年二月に公布し、即日施行した。内容は、まず一九四六年二月時点で金融機関の預貯金を封鎖。同年三月二日までで旧円の使用を禁止し、金融機関にすべて預けさせた。その上で、同年三月三日から新円を発行した。なお、新円の引き出しには制限があり、一か月あたり、世帯主は三〇〇円、家族は一〇〇円。事業者は賃金支払い用として、従業員一人あ

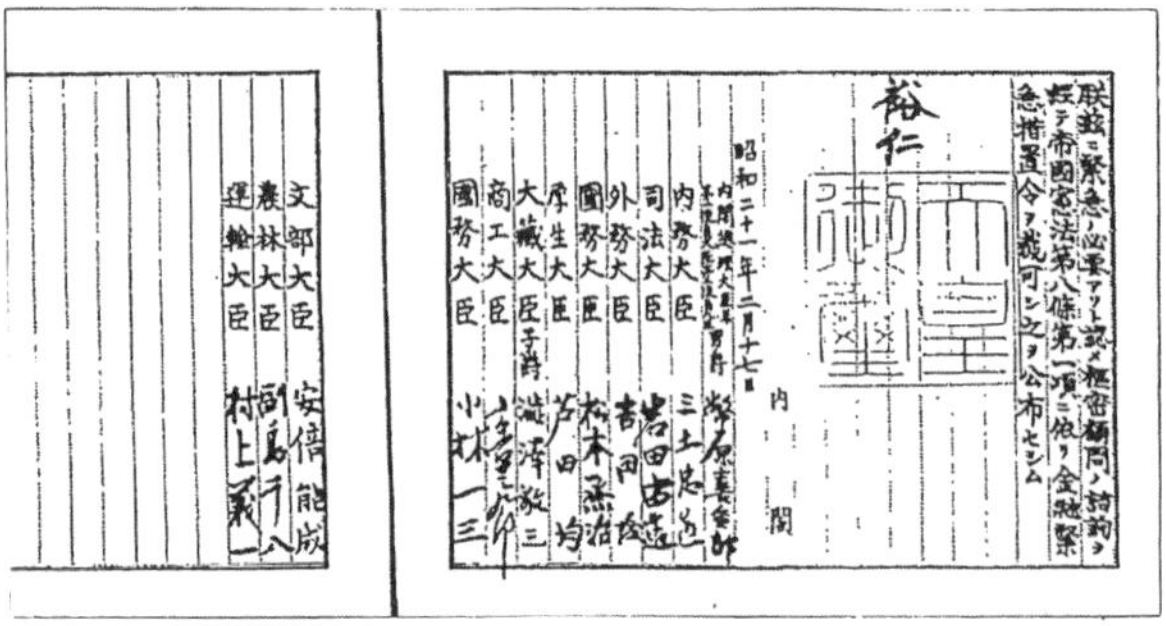
朕茲ニ緊急ノ必要アリト認メ枢密顧問ノ諮詢ヲ経テ帝国憲法第八條第一項ニ依リ金融緊急措置令ヲ裁可シ之ヲ公布セシム
裕仁
昭和二十一年二月十七日
幣原喜重郎
内務大臣　三土忠造
司法大臣　岩田宙造
外務大臣　吉田茂
國務大臣　松本烝治
厚生大臣　芦田均
大藏大臣子爵　澁澤敬三
商工大臣　小笠原三九郎
國務大臣　小林一三
文部大臣　安倍能成
農林大臣　副島千八
運輸大臣　村上義一

金融緊急措置令の御署名原本
出所：国立公文書館提供（レファレンスコード：A04017803600）

たり五〇〇円に限られた。こうして金融機関の預貯金の引出額を抑え、さらに市場に出回っている旧円を新円と交換させた〔17〕。

だが結局、インフレを防ぐことはできなかった。終戦処理費用の増加、戦後補償の打ち切りの不徹底などによって通貨の増発は続き、インフレは深刻化していった〔35〕。

預金封鎖について、「必要なもの以外は、預金しておくのだからしかたがない。いずれは預金を引き出せるから……」と思うかもしれない。しかし、その後もインフレは収まることがなかった。強制的に金融機関に預金させられ、その上凍結された現金は結局、価値が低くなり、紙くず同然になったのである。

35 竹馬経済

最近は、「竹馬」といっても知らない人がいるようだ。二本の竹竿に適当な高さの足掛かりを作り、これに乗って歩くわけだが、最初はバランス取りが難しい。私は小学生の時に授業で作ったことを覚えている。確か、足掛かりの位置がポイントだった。地面から低すぎると、バランスは安定するが歩きづらい。反面、高すぎると踏み出す一歩が長くなるが、バランスが安定せず危険である。

さて、日本が終戦を迎えて三年半経った一九四九年二月、米デトロイト銀行頭取であったジョセフ・ドッジ公使が来日した〔22、36〕。日本国内は当時、戦後のインフレーションが止まらず、経済がとても不安定だった。この状態をドッジは、「竹馬経済」と表現した。ドッジは、記者会見の場において「日本経済は、二本の竹馬の上に乗っている。一本は米国からの経済援助であり、もう一本は財政からの大量補助金である。この竹馬を取り外さなければならない」と語った。そして、こう付け加えた。「あまり高い竹馬に乗っていると、転んで首の骨を折る恐れがある」と。

街中で竹馬遊びをする子どもたち（昭和51年頃）
出所：射水市新湊博物館提供

つまり、「経済が崩壊する」ということである。

当時の米国からの経済援助とは、占領地の統治の円滑化と疫病や社会不安防止を目的に、米国政府が支出したもので、ガリオア・エロア資金といわれる。具体的には、小麦、小麦粉、大麦、脱脂粉乳などの食料をはじめ、石油や肥料なども援助された。一方、政府財政の大量補助金とは、例えば、公定価格を維持するため、原価割れ分を財政から穴埋めする価格差補給金（価格調整補給金）は、よく知られている。また、管理貿易のもとで為替をうまく利用した。輸出品は一ドル＝三三〇円（円安）として高く買い上げ、輸入品は一ドル＝一三〇円（円高）として安く売るようにしたのである。そして、この為替と実態の乖離分については政府が補った。これを「見えざる補助金」という。補助金政策は、急場をしのぐ政策としては有効だ。しかし、抜本的な経済改革なしに、補助金だけで解決しようとしても、それは無理な話である。このあと、ドッジの指導によって財政改革が推進された。いわゆるドッジ・ラインである。

現在、日本の財政赤字は、一〇〇〇兆円を超え、増え続けている。ドッジの竹馬経済に倣えば、今日の財政赤字はさしずめホッピング経済といったところか。日本はいつになったら、自分の足で大地を踏んだ経済を展開していくのだろうか。

36 ドッジ・ライン

戦後まもなくの日本経済は、インフレという〝重度の病気〟を患っていた。一九四九（昭和二四）年二月、米デトロイト銀行頭取だったジョセフ・ドッジは当時の日本経済の様子について、米国の経済援助と日本国内の補助金からなる竹馬経済と警鐘を鳴らし、ただちに経済の安定を目指した〔35〕。その取り組みがドッジ・ラインである〔22〕。

ドッジ・ラインは大きく三つの柱があった。一つ目は超均衡予算である。一九四九年度予算では、これまでの赤字財政を改め、歳入・歳出いずれも均衡の予算を策定した。もちろん、竹馬経済と表現した補助金政策も打ち切りを明確にした上で圧縮した〔35〕。ドッジはしっかりと地についた経済を目指したのである。今でこそ赤字財政は「当然」となっているが、この歳入・歳出の均衡予算は、一九六五年の赤字公債の発行まで一五年以上も引き継がれた。

二つ目は一ドル＝三六〇円の単一為替レートの設定である。それまでは商品ごとに為替レートが異なっていた。単一為替レートの設定で、ドル経済圏に入ることを意味したが、円が安定することで国際競争力を高めたのである。この一ドル＝三六〇円は二〇年以上も続き、ニクソン・ショックによって一九七一年に三〇八円に切り上げられ、一九七三年以降の変動相場制へと続くことになる。

三つ目は、対日援助見返り資金の設置である。米国からのこれまでの対日援助は輸出入補給金に充てていたが、それを政府債務の償還や、経済再建上重要な公・私企業への投資に振り向けられた。[1]

ドッジ・ラインは、財政と金融の健全化を一気に実現したものとして評価されている。他方、結果としてデフレ（安定恐慌ともいわれる）をもたらした。中小企業は需要の減少、金詰まり、大幅増税のあおりを受け、一万一〇〇〇件に上る倒産や整理が行われ、五一万人が解雇された。当時、大蔵大臣・通商産業大臣に就いていた池田勇人が「中小企業の一部倒産もやむを得ない」、「貧乏人は麦を食え」という発言をして問題になった〔21〕。

ドッジ・ラインは、日本経済にとって、いわば〝大きな手術〟であった。痛みも与えたがインフレを収束させた。この施策と共に、シャウプ[2]勧告に基づいて、法人税法を整えた。新しい財政基盤も確立したことで、日本経済は病気から回復し、新たな経済成長へと向かうことになったのである〔21、37〕。

【注】

（1）公企業＝国や地方公共団体が所有する企業のことだが、この場合、日本開発銀行、日本輸出入銀行、日本電信電話会社。私企業＝民間企業のことだが、この場合、電力、海運、石炭、鉄鋼などの基幹産業を指す。

（2）日本経済の安定化のため、ドッジ・ラインなどによる経済安定化を図るだけでなく、財政基盤の確立を意図して税制改革を推進した、法人税などの改革を求めたもの。

37 所得倍増計画

一〇〇〇〇を一〇％で七回乗ずると、ほぼ二倍の一九四八七になる。つまり、給料が毎年一〇％上がると、七年後には当初の倍の給料をもらえるということである。

一九六〇（昭和三五）年七月、岸信介内閣は日米新安保条約の批准書を交換すると総辞職した。日米安全保障条約は、日本の対外戦略を考える重要な指針であるが、当時は大変な反対運動が展開された。結局、同条約を強硬採決することで通過させたが、自身の政権も失った。

その次に内閣総理大臣に就任したのが、池田勇人である。池田は、経済活動によって国内情勢を明るくしようと考えた。政治的な論争になるものは極力避け、「低姿勢」と「寛容や忍耐」を全面に打ち出した。その時に掲げたのが「所得倍増」である〔21、25〕。当時、「あなたの給料を倍にします」という非常に分かりやすいスローガンが注目を集めた。この「所得倍増計画」が閣議決定されたのは、同年一二月のことである。

実は、所得倍増計画には裏付けがあった。農地改革による農家所得の増加、労働改革による労働者の所得増加というように戦後改革の成果として国内市場が拡大していた。ようやく日本も戦後のダメージから回復して、国民全体が貧困から脱し、衣食住の充実が求められた。

また、岸内閣の時に東南アジアを中心とした経済外交を展開しており、円借款[1]の賠償による対外進出、道路港湾などへの公共事業投資などが功を奏してきたのである。

この所得倍増計画によって政府の姿勢が明確となり、企業の投資意欲をかきたてた。まさに、投資が投資を呼ぶ結果になったのである。実際、六〇年前後は、設備投資、消費などが軒並み拡大した。これに加え、テレビ、洗濯機、冷蔵庫など耐久消費財の旺盛な需要も加わった。富豪といわれるような大金持ちも減少したが、戦前のような貧困層も大幅に減り、中間層（中流）が増大した。彼らは耐久消費財の消費者として、経済成長を後押しした。

かくして、実質国民総支出の成長率は六〇年～七〇年代にかけて、年率一〇%の経済成長を遂げることとなった。六四年には東京オリンピックが、七〇年には大阪万博（日本万国博覧会）がそれぞれ開催された〔48〕。そして六八年になると、米国に次ぐ国民総支出（GDP）を記録し、世界第二位の経済大国にまで躍り出たのである〔23、25〕。

【注】

（1）戦争に対する賠償金を円で支払い、借款供与の見返りとして、消費物資から生産設備に至るまでを日本から調達した。

38 農協の誕生

日本は一九四五（昭和二〇）年八月一四日にポツダム宣言を受諾し、翌日に終戦を迎えた。以後、ＧＨＱの指導のもと戦後改革が進められた。

戦後三大改革といわれるのが、財閥解体、農地解放、労働問題である。いずれも、戦前の貧富の格差が大きいことを問題視したものであった。つまり国内市場が小さいがゆえに、アジアへの市場進出につながり、結果、軍部を下支えしたというのである。最近では、「世界経済で活躍する財閥とそれらを株主として支えた地主が脅威だった」という意見もあるが、いずれにせよ名分は変わらない。

農地解放は、①不在地主の小作地を全部取り上げる、②農村に住んでいる地主が貸している小作地を一町歩[1]（北海道は四町歩）以内に限定する、③地主手作り地は三町歩（同一二町歩）以上の田畑を持つことは認めない――という方向で実行された。これらについては、「戦前からの政策で自作農への支援活動はされており、農地解放がなくとも自作農は自然と増加したはずだ」という見方もある。ただ、不在地主のほぼ全部、在村地主の七割、小作地の八割を解放したという徹底ぶりは農地解放の成果だろう。この結果、多くの人が自分の土地を得ることになり、意欲的に生産活動に従事するようになった。しかしこれで完全ではなく、再び小作人にならないように、自作農体制を将来に渡って維持する必要があった。

こうして登場したのが、農業協同組合（農協＝Ｊ・Ａ）である。一九四七年に制定された農業協同組合法には、「農業生産力の増進及び農業者の経済的・社会的地位の向上を図り、国民経済の発展に寄与すること」とある。農家は農作物の出荷・販売を農協に委ね、販売代金は各農家が持つ農協の預金口座に振り込まれた。農家はこれを引き当てにして、肥料や農薬、さらには生活用品まで農協の購買事業を利用した。一方、農協は農家に対して、品種改良や機械化などの指導にあたりながら、指導内容を具体化するために融資を行い、金銭面でのバックアップをした。また国の貸付制度などの窓口にもなった。農協は地元の農業発展に対し、政策、金銭、技術、社会保障など多角的な面から役割を果たし、地元から信頼される金融機関になったのである。

【注】

（1）一町歩＝約九九一七平方メートル。

39 善意の連鎖反応

金融機関の役割は、企業や個人に対して資金を融資することである。しかし、融資をするためには、一定の審査基準をクリアしなければならない。返済の可能性が低ければ、貸したくても貸せないのは事実である。

戦後間もない一九五一（昭和二六）年四月のこと。一人の女性が尼崎信用組合（現尼崎信用金庫）の国民金融公庫貸付係に相談しにやってきた。彼女は五人の子供を養っていた。何とか生活できていたのは、ミシンを持っていたおかげであった。洋裁店の下請け仕事ができたため、細々ながらも日々の生活を送っていた〔41〕。

ところが、前年九月のジェーン台風で、ミシンが水浸しになり使えなくなった。おまけに、ミシンの修理屋は修理費を先取りしたまま、姿をくらましてしまった。彼女は一家心中も考えた。最後の頼みの綱が、尼崎信用組合だったのである。しかし、融資条件が整わず、しかも決裁が下りるとしても一か月間は必要だった。彼女はただ帰るしかなかった。

その話を聞いた松尾高一組合長（当時）は、融資は無理でも、組合長名と担当の業務課長の二人の名前で同情金

終戦直後，ミシン1台が命綱にもなった。
出所：JUKI 提供

（募金）を集めることを思いついた。すぐに三〇〇〇円が集まり、彼女のもとに届けられた。この話が地元新聞に掲載されると、神戸からオート三輪で彼女の家に乗り付け「ミシンを使ってください」と持参する人や、新聞社に「一台差し上げたい」と申し出る人も出てきた。彼女は、再びミシンを使って仕事ができるようになった。

五三年には、同組合が彼女に二万円を貸し付けることができるようになった。さらに、彼女に対して、様々な仕事を依頼する人も出てきた。同組合は返済を一度も催促することがなかったという。

融資はかなわなくても、同情金が集められ、新聞報道を通じてミシンの寄贈などが行われる。そして、最後は少額ながらも融資につながった。人や企業の立場に立って一緒に考えること、できる限りの対策を考えること、一つの組織だけでなく地域ぐるみで考えること――こういったことが重なったからこそ、一つの家族が助かった。『尼崎浪速信用金庫六十年史』では、「善意の連鎖反応」と表現して「人と人とのふれ合いを大切にする信用組合～信用金庫ならではの話」として紹介している。

当時の新聞に、笑顔に包まれた家族の写真が大きく掲載されたという。善意のお返しは、弾ける笑顔ということか。

【参考文献】

尼崎浪速信用金庫『尼崎浪速信用金庫六十年史』（一九八二年）

40

大蔵省検査

お金を「血液」に例えると、金融機関は「心臓」といえる。経済を支え、お金を循環させるため、金融機関の果たす役割は大きい。ゆえに、金融庁や財務局による金融機関への「検査」は重要だ〔5〕。

地域金融機関を例に見てみよう。例えば、『青木信用金庫三〇年史』では、大蔵省検査を初めて受けた時の様子が記されている。青木信用金庫（埼玉県）は、一九二一（大正一〇）年に設立された青木村信用購買販売組合が前身。その後、四九（昭和二四）年七月一日に中小企業等協同組合法が施行され、翌年二月に青木信用組合（現・青木信用金庫）に改組した。当時の信用組合経営は大らかで、帳簿や事務の取り扱いは戦前のものを踏襲。大蔵省（現・財務省）の監督下にあることも、あまり気にとめていなかったようだ。

五〇年八月の土曜日、営業を終了した昼ごろのこと。長堀千代吉理事長（同）と福田芳五郎監事（同）は、本店の二階で業務の打ち合わせをしていた。そんな時に大蔵省から四人の検査官がやってきた。長堀理事長と福田監事は「今日は土曜日だし、公務員も半休だから、ちょっと様子を見に来たのだろう」という気持ちだった。しかし、職員から「検査が始まった」との報告を受け、二階の窓からのぞくと、検査官が職員に帳簿などをまとめさせ、封印をしている。その様子を見ながらも、二人は裏口から帰宅した。

福田監事が自宅に着くと、検査官から電話がきて「立ち会え」との指示。結局引き返し、封印していた金庫を開き、現金検査を行った。職員は夜明かしで資料作成を行い、検査は五日間ほど続いたという。全理事が検査官から呼ばれ、「なぜ、この家にこんなに貸すのか」など、厳しい質問が投げかけられた。常務理事たちは個人的な通帳など、私財をすべて調べられた。検査では現金の不突合、経理不備、組合員外への貸付、分類資産（貸出金などの資産を健全性の度合いで分類し、正常でないと判断された資産）などが指摘された。分類資産は貸出金全体の四〇%を超え、二〇〇〇万円近くが発覚したのである。

同信組にとっては厳しい評価だったが、業務改善のきっかけとなった。朝鮮戦争で、地元の川口市の景気が上向きになったこともあり、翌五一年一〇月の検査では、分類資産は前回の半分に相当する九〇〇万円弱、貸出金全体の一〇％程度に落ち着き、健全性が評価された。

検査は健康診断と同様に早期発見が問題の深刻化を防ぐ。雨降って地固まるということか。

【参考文献】
創立三〇年史編集委員会『青木信用金庫三〇年史』（一九七九年）

41 信用金庫の成立

信用金庫は一九五一（昭和二六）年の信用金庫法に伴い成立した。五二年六月の段階で六五三の信用組合のうち五六〇が信用金庫へと改組されている。

信用金庫の前身は市街地信用組合とする向きが多い。これは農村ではなく都市に展開した中小企業専門の協同組合金融機関のことである。戦前の四三年に産業組合法から一部独立し、市街地信用組合法として根拠法が成立した。これにより組合員以外の貯金（員外貯金）や組合員に対し手形割引が認められたが、他方で他種事業を兼営できないものとされた。

それが、戦後の四九年七月に中小企業等協同組合法が施行したことで、再び信用組織を信用協同組合として一括化するという方針のもと、市街地信用組合も信用協同組合の一員となった。中小企業等協同組合法は、中小規模の事業者の組織化と水準向上を意図し、そのためにも協同組合制度の確立が急務であるとし、組織の基盤の安定と拡充を目指したものである。

同法の成立時、戦後のハイパーインフレや金融の滞りのため、中小企業は疲弊していた。金利が月一割から三割とされる闇金業者が横行し、中小企業者はこういった闇金業者から融資を受けていた。他方、政府は中小企業への支援が不十分で、結局「ほとんど掛け声ばかりで実際の面に中小商工業者の対策はできていない」（小原鐵五郎城南信用組合専務理事、衆議院予算委員会公聴会発言）という状態であった〔24〕。さらに、日本経済へのテコ入れを意図してジョセフ・ドッジの来日が予定され、緊縮財政を敷くことが予想されていた〔18、21、36〕。そのためにも中小企業金融の円滑化が急務であったのだ。

城南信用金庫本店ビル
出所：城南信用金庫提供

ところが、中小企業等協同組合法が成立したあとも、想定していたような信用組合の設立はなされなかった。監督官庁である大蔵省の認可が厳しかったからである。この点は国会でも批判の的となっている。通産省と大蔵省の縄張り争いなのではないか、などという意見まで出されている。しかし大蔵省としても、預金を預かる以上、無責任な認可はできず、逆に認可したことが独り歩きすることで、信用組合の業界そのものの存立を危うくすることを懸念していた。

結局、信用組合の新設はままならず、ドッジ・ラインの実行により中小企業への資金繰りは悪化した〔22、36〕。こうした状況のもと、信用協同組合のうち大蔵省の監督のもと員外預金を認める信用金庫と、地方行政庁の監督のもと員外預金を認めず組合員のみの運用とする信用組合の二つに分けることになったのである〔23〕。

42 人こそが財産

人材は企業の根幹だ。銀行もまた然りで、銀行員の資質向上は業績向上にもつながる。日本的経営は終身雇用、年功序列、経営家族主義など従業員の忠誠心によって支えられてきたが、会社が一度採用した人材を時間をかけて教育し面倒をみてきたという側面もあったといえよう。

終戦から一〇年近くたち、社会がようやく落ち着きを取り戻した一九五四（昭和二九）年四月のこと。山口銀行の布浦眞作頭取（当時）は雑誌『山口』に「何の事業に限らず、其盛衰興亡は一を以て人材の有無にかかるのである。（中略）…特に銀行の場合には、優秀なる工場設備や複雑精巧なる機械装備がある訳でもない。大切なるものは一にも人、二にも三にも人である。自分の是（これ）からの念願は、品性高き優秀なる多くの人材を養成して当行に遺（のこ）して置き度い事である」と述べている。

同行では当時、見習行員（新入行員）として三か月間の研修を経てから、正行員としていた。この研修内容には、二つの大きな柱があった。一つ目は、「就業規則等諸規定の遵守と上長への服従の精神の涵養」といった道徳や精神教育である。二つ目は、「銀行関係法令の概要修得、初期事務補助者としての技能養成」を主旨とした実務教育である。

新入行員は、これらの研修に加え、配属された部店での教育を基に行員採用検定試験を受けた。正行員への登用や初任給は、試験結果と部店長や人事部の考査で決定された。

行員採用検定試験の具体的な内容は、①一般的な業務上の知識、②民法や商法など銀行業務関係の法令等に関する問題、③労働基準法などの労働関係の法令と就業規則の内容――だったという。さらに、総務部は執務上の心得や銀行用語の解説を付した小冊子『新入行員の心得』を配布し、銀行員としての自覚を促した。

人材育成に意欲的だった同行は、全行員を対象に懸賞論文を募集し、入選者に賞金を与えた。四九年四月の課題は「民法改正と銀行取引について」、同年八月の課題は「預金獲得対策」など時宜にあったものにして、行員の意識の喚起を期待している。ほかには、珠算競技大会の開催、「山口銀行文庫」の設立と開放、講習会や研究会の開催など積極的な人的交流と研鑽に努めた。

近年、人材を「人財」と書くケースを見かけるようになった。もちろん、正確な表記ではないが、「人こそが財産」ということを強調したいのだろう。

【参考文献】
銀行史編纂委員会編『山口銀行史』（山口銀行、一九九九年）

43 経済官僚からのメッセージ

戦後、日本経済は瀕死の状態だった。戦時期の大量の国債発行（26、27）、アジア諸国からの引揚者や軍人の受け入れ、更に物不足も加わり、物価は連日高騰した。消費者物価指数は、終戦直後の一九四五（昭和二〇）年八月を一〇〇とすると、四六年に五九二、四七年に一六五〇、四八年には四八一六と急速に上昇した。政府は金融緊急措置令、物価統制令など総合インフレ政策を推進するが落ち着くことはなかった。

さらに、配給もままならず、四八年の『経済白書（経済情勢報告書）』を見ると、「配給の実績は、例えばマッチは家庭用に一日一人四本、石けんは漸く一人一年一個程度であって、国民の消費する日用品の大半はヤミ又は自由市場に依存している」と述べている。その後も不安定な経済に対し、米国の対日援助や政府の補助金が行われ続けたため、

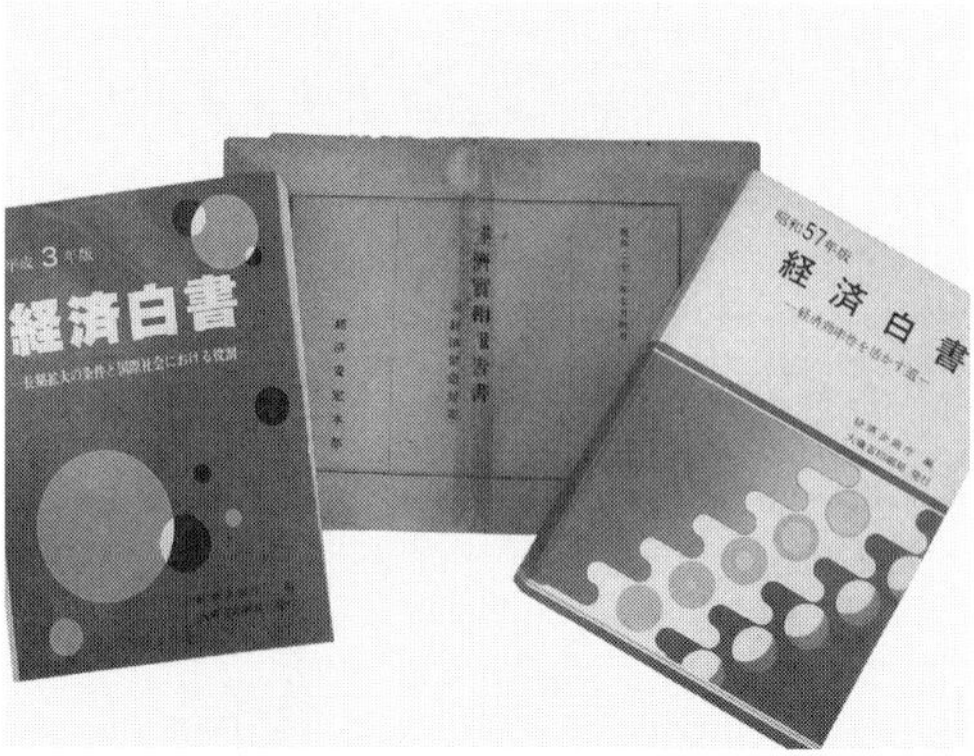

1947年7月発刊された『経済実相報告書』
日本で最初の白書。現在は年次経済財政報告（経済財政白書）へと引き継がれている。

物価高騰は収まることがなかった。

そんな時、ジョセフ・ドッジによる超均衡予算をはじめとした強力な経済政策が推進され、戦後の経済安定に導いた〔22、36〕。そして、日本経済の飛躍をもたらしたのが特需景気だった。

五〇年六月二五日に朝鮮動乱が勃発すると、日本は朝鮮半島にいる国連軍や米国対外協力局による軍需調達や、日本国内に駐留していた軍人・家族向けの食糧や衣料など個人消費にも応じた。こうして、重化学工業の生産水準は戦前を超えた。名前に糸へん（繊維・紡績）や金へん（鉄鋼・鉱山・金属関係）が付いた産業が好景気をけん引したので糸へん景気や金へん景気などといわれている。

五三年度の『経済白書』には「特需あるがために日本の経済水準は上昇したのだが、特需にすがりつかなければ立ってゆけないような歪んだ経済の姿に陥ったことは、むしろ特需の罪に数えなければならぬであろう」「徒らに特別な外貨収入が今後どれだけ継続するかの予測に日を送ることなく、特需なき後の日本経済の進むべき道に対して思いをひそむべき時期でなければならない」と記されている。経済官僚は特需景気に安住していなかったのである。

五五年一月、鳩山一郎内閣のもとで総合経済六カ年計画が策定された。それには、①戦後直後のインフレを再燃させない、②大企業と中小企業の共栄に導く産業組織の再編成、③輸出の振興を目指し、完全雇用達成と国際収支の均衡を実現する――という政策が盛り込まれた。経済官僚は、日本のあるべき姿を見通し、日本復興のかじ取りを支えたのである。

44 好景気を表す名称

好景気を表す表現はいくつかある。神武景気（一九五四〜五七年）は、高度経済成長に向かう時の名称である。神武天皇といえば初代天皇で、日向（現・宮崎県）から東に向かい大和橿原（現・奈良県橿原市）に宮を築いた。「建国以来、未曾有の好景気」という意味を込めている。その後も、岩戸景気（五八〜六一年）、いざなぎ景気（六五〜七〇年）と神話に登場する呼称が続く。岩戸とは、天照大神が岩戸の中に引き込もった時の天岩戸伝説による。神武天皇よりもさらに古い時代の名称を付けることで、神武景気を上回る景気であることを表現した。いざなぎ景気は国造りが行われたとされるイザナギ、イザナミの二人のうちのイザナギを取り上げ、さらなる景気の好転を表した。神話の世界の事柄を景気の名称として使うのは、戦前・戦中に歴史の中で神話を学んだ世代の人々が、戦後の日本経済を支えたという意味を込めているそうだ。

二〇〇〇年以降ではいざなぎ景気よりも長い七三か月間続いたいざなみ景気（二〇〇二〜〇八年）がある。

好景気を示す表現は他にもある。例えば、投資が投資を生んだ投資景気（五二年ごろ）、戦後復興に伴う繊維の消費や住宅投資がなされたことでの消費景気（五三年ごろ）、神武景気の期間であるが、物価が上がらない状態で経済の実質規模だけが拡大した数量景気（五四年ごろ）、砂糖や硫安（肥料）、セメント、紡績、製粉など白色製品の販売が好

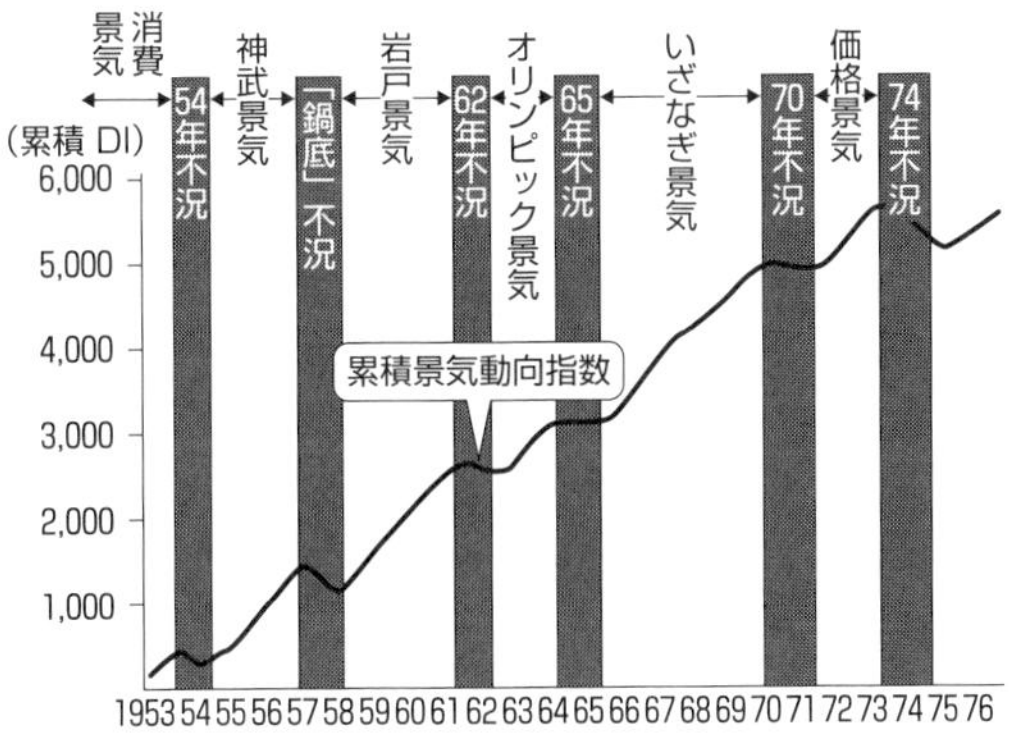

高度成長期の景気変動

出所：原朗『改訂　日本経済史』（放送大学教育振興会，2001年，151ページ）

調だった三白景気（五五年ごろ）、販売量ではなく価格が上昇したことで利益を生む価格景気（七一～七三年）などと景気の要因を表現した名称も見られる。さらに、東京オリンピックを前にした新幹線やホテルなどの建設投資によって活況をもたらしたオリンピック景気（六二～六四年）などもある〔48〕。こうしてみると、景気を表す名称は、景気を支える人々や起爆剤となった要因を呼称にすることが多かった。

アベノミクスは、安倍晋三内閣のもとでの経済政策とエコノミクスをかけた表現で、米国レーガン大統領が推進したレーガノミクスが由来だといわれる〔25〕。ドッジ・ラインのように政策を主導した人の名前が冠に充てられたことがないわけではないが〔22、36〕、日本では珍しい。レーガノミクスは、当初は良かったが、その後双子の赤字（貿易赤字・財政赤字）をもたらした。アベノミクスが好況を表す言葉として、歴史に残ることを願ってやまない。

45 幻の「りんご銀行」

青森県のりんご生産量は全国一位。ふじや陸奥などの品種はよく知られ、県の経済に重要な役割を果たしてきた。戦後の食糧不足の時は、りんごを積極的に販売し、りんご景気といわれるほど活況を呈した。青森県にとって、りんご農業の発展は戦後復興の象徴だった。一九四八（昭和二三）年六月、県庁にりんご課を新設し、同八月には戦時中に中止を余儀なくされていた県営検査を復活させた。さらに、同一〇月には東京、大阪、門司（福岡県）に事務所を開設し販路の拡大に努めた。

ただ、りんごは豊作になると価格が暴落し、出荷代金の回収などに支障が出た。また、当時の青森県下の金融状況は預貯金が伸び悩み、貸出金は増大していた。このため、中小企業金融の円滑化を意図して青森県保証協会が設立され、りんご独自の金融組織も求められた。

こうしたなか、四九年一二月、青森県はりんご関連における県内の資金需要に応えるため、四九年一月に青森貯蓄銀行から青和銀行に改称したばかりの同行を「りんご銀行」として新設する構想を発表した。当時の発表では、本社を青森市から弘前市に移転することや、資本金を一五〇〇万円から五〇〇〇万円に増資することなどが提案されていた。だが、銀行自体がこの提案に消極的で、しかも「りんごだけの特定業種で銀行を組織することは困難である」という判断もあったため、話は立ち消えになった。

同じ時期、県はりんご金融の円滑化を意図して、りんご振興会社を設立。同社の資本金三〇〇〇万円のうち半額を県が出資し、残りは市町村や業者、荷受機関などが出資することになった。ところが、ドッジ・ラインの不況の影響で、りんご振興会社は経営の苦境に立たされた〔22、36〕。このため県は四九年九月に、同社へ一億二〇〇〇万円を増資。りんごの貯蔵や保管、関連業種への融資などを期待した。だが、貸付金の回収不能額が累積。しかも不明瞭な融資内容が多いことが判明し、りんご伏魔殿ともいわれた。その後、同社の再建策などが講じられたが、大蔵省の指摘を受けて融資停止となった。五六年末頃には休業状態となり、六三年九月に解散する。

日本最古のりんごの木（青森県つがる市）
りんご産業の復活こそが青森県の復興だった
出所：Amazing Aomori 青森県観光情報サイト

【参考文献】

青森銀行行史編纂室『青森銀行史』（一九六八年）

46 貯蓄の日

勤労感謝の日（一一月二三日）が五穀の収穫を祝う新嘗祭（にいなめさい）に由来するように、現在の祝日は農事儀礼に由来していることが多い。例えば、貯金を奨励する貯蓄の日（一〇月一七日）は神嘗祭（かんなめさい）に由来する。同祭は、その年の初穂を天照大御神に奉納するもので、神宮祭祀の中でももっとも重要とされる。もともとは九月中旬だったが、新暦の九月中旬では初穂が十分に成熟していないので、一〇月一七日に改められた（加藤友康他編『年中行事大辞典』吉川弘文館、二〇〇九年）。貯蓄の日は、勤労の〝収穫物〟であるお金を無駄遣いしないように——ということで、日本銀行が一九五二（昭和二七）年に定めた。

縁起物貯金箱

七福神や招き猫など，代表的な縁起物の貯金箱は人気があった。
出所：尼崎信用金庫 世界の貯金箱博物館提供

第二次世界大戦の終戦後、日本国内は急激なインフレに悩まされていた。給与水準はインフレに追い付かず、臨時手当や物価手当など各種手当で金額を上積みしていた。当時、世間では通貨と貯蓄への不安が高まり、銀行にお金を預けない「たんす預金」状態が続いていた。四六年一一月、通貨安定対策本部が設置されると、次第に落ち着きを取り戻し、銀行へと貯蓄する動きが進んだ。五〇年には「一兆円達成特別貯蓄運動」、「経済自立促進特別貯蓄運動」と相次いで実施された。各地で貯金箱が景品になったのは、この時期である。

貯蓄運動は、都道府県を単位にして行われた。例えば、青森県では青森銀行が四九年七月から、くじ付き定期預金「幸運定期」の取り扱いを始めた。これは、定期預金一〇〇〇円につき一口の抽選権を与え、抽選結果で割増金（賞金）を渡すというもの。具体的には、特賞（幸運賞）一〇万円が一本、一等一万円が一〇本、そして、五等三五円が四万八三八九本であった。企画は好評で、当初の募集総額五〇〇〇万円に対し、最終的には一億円が集まった。その後、「青銀幸運定期の歌」が発表されるなど、県民の一大イベントとして第四六回（六一年三月）まで続いた。翌五〇年一〇月には、日本銀行青森支店長など県内の経済界要人による青森県貯蓄推進委員会が発足。同年一〇月一一日から一か月間を青森県経済自立促進特別貯蓄運動の期間と定め、ラジオ放送や新聞折り込みなどあらゆる広報手段を使って、収穫米を供出した際に受け取る代金を預金に回すよう奨励した。

こうした貯蓄運動が全国各地で実施され、五二年に貯蓄の日が制定されたのである〔26、27〕〔前43〕。

【参考文献】
青森銀行行史編纂室『青森銀行史』（一九六八年）

47 四四歳の若き大蔵大臣—田中角栄—

田中角栄といえば、五四歳で内閣総理大臣となり、すぐに中華人民共和国を訪問し日中共同声明を発表し、日中国交正常化を実現した。行動力は抜群で、多くの改革を実現した。ただ、その後、ロッキード事件で逮捕され自由民主党を離党する。金脈問題が露呈したことで金権政治、隠然たる権力を持っていたため、角影内閣などと厳しい批判にさらされた。

田中は尋常小学校高等科を卒業し、その後、上京すると高砂商会に勤めるとともに中央工学校土木科に入学する。

戦後、一九四六（昭和二一）年の第二二回総選挙で落選するものの、翌年行われた第二三回総選挙の時に民主党から初当選を果たす。二九歳の時である。三九歳の時に郵政大臣となり、わずか四四歳で大蔵大臣に就任する。総理大臣就任の時には、豊臣秀吉と同じだと、「今太閤（いまたいこう）」などともてはやされた。

　大蔵大臣に着任した田中は、局長や次官ではなく若手幹部官僚から多くを学んだ。若手の幹部候補生と良好な関係を築くことで、大蔵省への影響力を長く維持できるからである。大蔵大臣就任期間において最大の事件は、六五年五月の山一證券の経営危機の時である。五八年から六一年にかけて岩戸景気と呼ばれる好景気であった（44）。とりわけ当時の証券業界は景気が良く、「銀行よ、さようなら。証券会社よ、こんにちは」とまで言われた。六四年の東京オリンピックの時はオリンピック景気と世間は沸いていた（44、48）。しかし、この頃になると株式市場は次第に後退局面に入っていた。当時の証券会社は、「運用預かり契約」を結ぶことで、顧客に販売した株式などの債券を預かり、この有価証券を担保に資金を得ていた。これによって、証券会社は資金不足を補うことができたが、株価が下がり顧客から債券の換金を求められると、一気に証券会社の経営を悪化させた。

田中角栄
出所：首相官邸ウェブサイト「歴代内閣」

　この時、深刻な経営危機に陥ったのが山一証券だった。メインバンクであった日本興業銀行、三菱銀行、富士銀行は共同出資を行い、株式買い上げを行うものの、すぐに困難になっている。結局、日本銀行による緊急融資が不可避とされたが、なかなか決断に至らなかった。この時田中蔵相をはじめ、銀行局長、日本銀行副総裁、メインバンク三行の頭取など関係者が集まり緊急会談を行った。田中は、メインバンク三行に対して、「それでも都市銀行の頭取か」と一喝し、三行経由の日銀特融を決めている。田中は合意を取り付けると、すぐに翌朝の朝刊に間に合うように記者会見を行った。夜中の午後一一時三〇分のことである。山一証券に対する日本銀行の特別融資額は二四〇億円と取り決めたはずなのに会見では「無制限」と述べた。証券不安を一掃するためである。嘘も方便ということか。この時の証券恐慌は、山一証券だけでなく、山陽特殊製鋼の倒産事件などの問題を招いた。ともすれば日本経済全体が危機に陥る可能性もあったが、田中蔵相の素早い決断と実行力で軽微なものにとどめることができたのである。

【参考文献】

新川敏光『田中角栄』（ミネルヴァ書房、二〇一八年）

48 オリンピックの記念硬貨・効果

◈三七種類の記念硬貨発行

東京二〇二〇オリンピック・パラリンピック競技大会は、新型コロナウイルス感染症の世界的流行のため、一年間延期され、オリンピックは二〇二一年七月二三日から八月八日まで、パラリンピックは八月二四日から九月五日まで開催された。これにあわせて財務省は、「二〇二〇東京オリンピック・パラリンピック競技大会記念貨幣」を発行している。「リオ二〇一六—東京二〇二〇大会開催引継ぎ記念」を含めて五回に分け、三九種類発行した。

ちなみに第一次発行分を参照すると、一万円金貨幣が一二万円で販売され、一〇〇〇円の銀貨幣が九五〇〇円で販売されている。結構な価値である。もしかしたら、政府はこれを財政改革の一つにでもしているのだろうか。

◆一九六四年開催では二種類を発行

さて、一九六四（昭和三九）年のオリンピックの時に発行された記念貨幣は一〇〇円と一〇〇〇円の二種類だけだった。当初は五〇〇円銀貨を発行するという意見もあったが、実現していない。もともと記念貨幣の発行は、東京オリンピック組織委員会で提案されたものだそうだ。ただ、皆がすぐに賛成というわけにはいかなかった。当時の大蔵省理財局長は「貨幣本来の目的等から見ても、簡単には賛成できないし、臨時貨幣法の改正なくしては…」と難色を示していた。一〇〇円記念硬貨は、当時使われていた一〇〇円硬貨と同じ規格品位（銀六〇%、銅三〇%、亜鉛一〇%）で作成された。絵柄は公募で決定され、一等には五〇万円の賞金も与えられた。三万点以上の応募があり、選ばれたのは神戸の大丸デパート勤務の女性だった。

デザインは表が聖火台と五輪マークを中心に「日本国」と刻まれ、裏面には算用数字の一〇〇を中心に、上部にローマ字で「ＴＯＫＹＯ、１９６４」とあり、下部に「昭和３９年」と刻まれていた。ほとんどの応募作品は、富士山、サクラ、オリーブ、聖火台などが描かれていたそうだが、当時の新聞によると、「貨幣として堅実で無難」と、まさに堅実・無難な授賞理由が紹介されている。約八〇〇〇万枚発行したが、これは国民一人に一枚ずつ行きわたる計算で、日本銀行は各県に人口に応じた枚数を均等に割り当てた。

◆諸外国に遜色ない銀貨を作れ！

そして、東京オリンピックの意義を一層高めようと計画したのが、一〇〇〇円の記念硬貨であった。当時、一〇〇〇円は紙幣のみであり、硬貨は発行されていなかった。このため、新たな法律を成立させる必要があった。大蔵省造幣局は諸外国に対しても遜色ない記念硬貨の作製をと意気込み、銀の純度が高いものを製作することにしている。当時、千円札の製作コストは六円七三銭であったのに対し、一〇〇〇円の記念銀貨は四〇〇円前後だったとのことである。絵柄は専門家に任せた。これが一五〇〇万枚発行されることとなった。

「一五〇〇万枚では不足するのでは」「もっと多く作製すべき」などという意見も出された。しかし、当時の造幣局の鋳造能力では、この枚数が限界だった。高度経済成長期だった当時、日本国内の貨幣使用量は膨張していた。このため、日常的に使用する通貨も多く作製する必要があった。しかも、鋳造時期がオリンピックの翌年に持ち越すことができず、結局一五〇〇万枚で落ち着いた。かくして、「オリンピック東京大会記念のための千円の臨時補助貨幣の発行に関する法律案」が、オリンピックが開催される半年前に国会を通過して実施に踏み切った。

◆九二五万枚、一瞬で「売り切れ」

一九六四年一〇月二日、東京オリンピック開催記念一〇〇〇円記念硬貨の一回目の引き換えが行われた。ちょうど東海道新幹線、東京―大阪間が開通した翌日である。全国約五万か所で引き換えられ、九二五万枚を用意した。しかし、引き換えは一瞬のうちに「売り切れ」た。

1964年東京オリンピック記念貨幣
上：1000円銀貨，下：100円銀貨
出所：財務省ウェブサイト「記念貨幣一覧」

東京中央郵便局では、前日の午前〇時から並びはじめた。全国の金融機関の前は開店前から長蛇の列となり、信用金庫では五分程度、都市銀行でも一時間程度で「売り切れ」となった。幼稚園児にも満たない子どもを一緒に並ばせて〝一人〟として交換する人もいた。本人は望まなくても、「一五〇〇円と交換」とアルバイト代わりで交換する人もいた。

東京の農林中央金庫本店前では、午前一〇時半ごろ、残りがわずかと告げると、外に並んでいた一〇〇人程度の人たちが入口に殺到し、丸の内署に警備を要請する事態に至っている。

◆二回目の交換も大混乱に

二回目の記念硬貨引き換えは一〇月二九日であった。一人一枚とし、先着順を徹底させている。オリンピックの終了直後ということで思い出に記念硬貨を手に入れようとする人たちが増えたのに加えて、記念硬貨が一枚五〇〇〇円から六〇〇〇円の〝ヤミ値〟が付き、さらに長蛇の列になっている。東京中央郵便局前には、前日午後四時半に大学生三人が並びはじめ、午後六時ごろには一五〇〇人以上の行列になった。毛布や火鉢が並び、夜泣きソバやおでんの屋台も出た。東京の駒込では行列に乗用車が突っ込み、三人が重傷する事故も起きた。

2020年東京オリンピック・パラリンピック競技大会記念貨幣
第三次発行分の一万円金貨幣，千円銀貨幣の図柄
出所：財務省ウェブサイト「記念貨幣一覧」

当日はさらに大騒ぎになっている。銀行が整理券を発行したものの、番号が付されていないと、整理券の無効を主張する人が出た。都内の郵便局では、店内に押し掛けた人たちと割り込もうとする人たちとで大混乱を起こし、窓口前は阿鼻叫喚の事態となり、警察官や機動隊七〇人が出動した。また、「六九〇枚の割り当て」と数えて並んでいたはずが、割り込んで何度も交換する人が出たことで、受け取れなかったと主張する人もいた。さらには、金融機関の役得で四〇枚ほど交換しなかったと怒りを買い、とうとう、「引き換えの始末が不愉快」と、口座を引き上げる人まで登場した。

記念貨幣は、一九六四年のこの発行が初めてである。それ以後、万国博覧会記念、天皇陛下即位記念、東日本大震災復興事業記念など、多くの記念貨幣が発行されることになる。

49 メインバンク制と六大企業集団

金融機関の法人融資を考える時、一つのキーワードが情報の非対称性である。学生に説明する時は、男女の関係を例に挙げて、「君が好きだ」「私も好きよ」と言い合ってもその度合いは定かではない――と話している。筆者はこの例えを気に入っているが、学生たちは怪訝そうな顔をする。情報の非対称性の溝を埋めたのが、メインバンク制である。企業が借り入れや預金をする時、必ず特定の銀行を中心としていた。企業が経営危機に直面した時は、特定の銀行が資金的な援助を行い、役員などを送り込んだ。

こうしたメインバンク制が浸透したのは、第二次世界大戦後の経済成長過程である。この時は、企業集団としてグループを形成し、銀行は資金など金銭面を担当、総合商社は物の取引きを担当した。他に、保険、鉱業、金属、機械、化学、繊維、不動産、運輸・倉庫などの分野の企業がグループ企業として存在していた。また、グループ内の株を持ち合うことで、企業が相互に支えあう仕組みもとられていた。グループ内では、社長会などを開催して親睦を深め、結束力を高めた。二〇〇四（平成一六）年から〇六年にかけ、リコール問題などで業績が悪化した三菱自動車は、自己資本の増強を意図して優先株を六〇万株以上発行し、三菱グループ企業が大半を引き受けた。

高度経済成長期には、三井、三菱、住友、第一勧業銀行（一勧）、富士銀行（芙蓉）、三和銀行という六大企業集団が形成された。こうしてグループ内の人材交流などで関係を深め、銀行は情報の非対称性の問題を少なからず解決していた。以前放映された人気テレビドラマでは「グループ内出向」のことを〝片道切符の島流し〟と悲観的にとらえていたが、情報の非対称性の緩和という面では、もっとポジティブに理解できる。

高度成長期以降、銀行間の合併が急速に進み、さらにリーマン・ショック後は株式市場の急落などもあり、株式の持ち合い比率は低下傾向にある。こうしたなか、海外投資家が増加し、企業の説明責任やガバナンスが問われるようになってきた。余計な株を持っているのであれば、「売ってしまえ」ということだ。

　二一世紀に入り、かつては評価されていた独占禁止法や株式の相互持ち合い、護送船団方式など、様々な制度が見直されてきた。グローバル化の流れのなか、日本経済の進むべき道が問われている。

50 裾野金融だからこそ

　一九六八（昭和四三）年、中小金融二法の制定をめぐり、信用金庫や相互銀行のあり方が議論され、大蔵省からは信用金庫を株式会社組織にしようという案が出された〔23、41〕。この時、業界を代表して抵抗したのが、全国信用金庫協会会長の小原鐵五郎・城南信用金庫理事長である〔24〕。

　小原は、青年時代に米騒動を経験。「弱い人たちも安定した暮らしのできるような世の中にしなければならない、それが私に与えられた仕事だ」と一念発起し、一九一九年の大崎信用組合（現城南信用金庫）設立に参加した。当時は信用組合を理解してもらえず、一人ひとりに理解を求めて説明して歩いたという。その後、戦中から戦後にかけて、信用組合、信用金庫業務一筋に取り組んだ。

　小原は、信用金庫の使命として「裾野金融であるべき」と述べている。富士山を例にしよう。私たちは頂上に目が行きがちだが、気高い頂上も、大きく広がる裾野があってこそ美しくそびえるものである。「日本経済も中小企業が裾野となって支えているからこそ、発展する」（小原）。その上で「頂上は都市銀行が、五合目付近は地方銀行や相互銀行が、信用金庫は裾野に位置する中小零細企業に対する金融に徹する」（同）と述べている。「裾野金融に徹する」とは、例えば一億円の資金があった時、一先に一億円を融資するのではなく、一〇〇万円を一〇〇先に貸すということだ。こちらの方が、手間やコストがかかるが、それは覚悟の上である。

静岡県裾野市から見た，富士山の裾野
出所：裾野市観光協会ウェブサイト

さらに、信用金庫は、①経済のなかで重要な位置を占めている中小企業の育成や発展、②国民生活の安定や向上、③地域金融機関として地域社会の発展に貢献――の三つのビジョンを挙げた。当時、大蔵省銀行局長の澄田智（後の日本銀行総裁）に「小原鉄（哲）学」と名付けられたこの考えは、全国の信用金庫の理念に深く浸透していたという。

小原はこうした考えに基づき、「株式会社化によって、株主利益を優先することが求められるようになる。融資面では大口化の傾向を強めざるを得なくなり、しかも、できるだけ安全な企業を選ぶようになる。結果、信用金庫の使命である裾野金融に徹することができなくなる」として反対したのである。

結局、澄田銀行局長をはじめ、中小金融課長、全銀協会長など金融制度審議会の委員からも理解を得た。恐らく、大蔵省の原案とは異なる結論になったのだろう。理解を示した当時の委員も懐が深いというべきか。

【参考文献】

城南信用金庫『城南信用金庫創立40周年記念誌―地元の皆様とともに40年―』（一九八五年）

コラム３　債務残高の国際比較

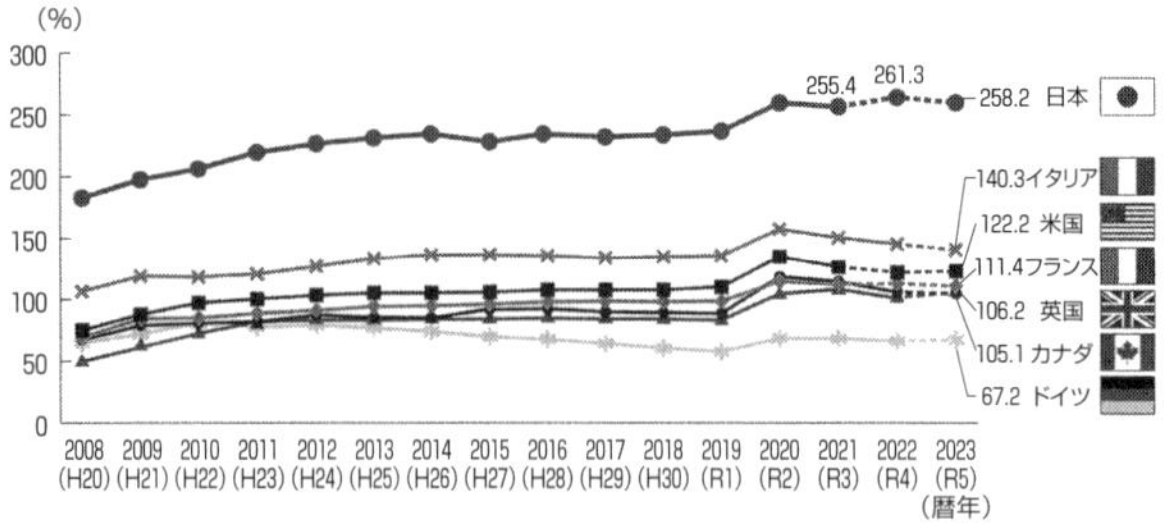

主な国の債務残高（対 GDP 比）

注１：数値は一般政府（中央政府，地方政府，社会保障基金をあわせたもの）ベース。
注２：日本，米国及びフランスは，2022年及び2023年が推計値。それ以外の国は，2023年が推計値。
出所：IMF “World Economic Outlook”（2023年４月）

日本の債務残高が世界的にも突出していることがわかるだろう。

このことを話題にすると，累積債務を憂うる意見だけでなく，別の回答も返ってくる。現在の日本では，債務をしている対象が国民であり，外国からは借りていないので大丈夫だとか，海外では借金をしている人の方が信用される，借金ができるということは信用されている証拠だなどという意見である。

いろいろな意見はあるだろうが，巨額な借金であることは確かである。国の問題は別として，私たちの日常の世界で，お金を借りたら返すのは当然である。また，人の財布を覗いて，「まだお金があるから大丈夫」と考えるのも不自然だ。ジンバブエやギリシャ，最近ではベネズエラが金融危機を招いている。それでは，日本に金融危機が起きない理由を考えてみよう。経済大国であり，まだ余力があることや，国民が債務を負担しており対応が可能だということがあげられる。ただ，それは問題を先送りにしているだけで，現状で解決される問題ではないということだ。少なくとも借金はいずれ返さなければならないということである。

さて，1,000兆円を超えた借金を国がどうやって返すのか。いくつかの方法を探ってみよう。

① 地道に国家財政を節約して返却する。１%の利率だけでも10兆円になってしまう現在，100兆円程度（25兆円が国債返済）の財政規模では，現実的ではないだろう。
② デフォルト（債務不履行）を行い，借金を棒引きにする。歴史的には徳政令など前例はある。他国でも多くみられる事例である。
③ インフレを進めて，貨幣価値を下げる。つまり，現在1,000兆円といわれると，途方もない金額だが，物価が10倍に上昇すれば，1,000兆円も相対的に安価になるということである。
④ あとは海外から借金する方法もある。現在もサムライ債などあるが，それを推進する方法だ。
⑤ そして最後は，18世紀にイギリスの南海会社で設立されたように，国家財政から切り離し，公債返済の独立した組織を設立するという方法もあるかもしれない。

果たして，結果は如何に。「なんとかなる」と楽観的になっていても，何ともならないのが借金である。なぜなら，借金は魔法で消えることは無いのだから。

附録

海外の金融

社会が自給自足で完結しない以上、何らかな交換、すなわち金融が行われているといってよいだろう。世界各国で様々な金融が行われ、歴史的にも古くから行われている。

本項では、海外の金融を紹介しているが、多様な金融が展開されているなかで、少ない事例しか紹介していないことから、附録として紹介している。今後充実していければと思っている。内容は充分でないが、二つの点に注意してほしい。

一つは、金融を取り巻く諸関係はシビアであり、かつ巨大という点である。そして、世界の人々はその経験をしてきているということだ。日本史を振り返っても、金融政策の失敗で殺害される事例もあるが、それでも緩やかな印象である。なんとなく許されるということだ。それが日本の良さでもあるが、しかし、海外では「許されない」ということである。日本が世界経済のなかで生き抜くためにも、この点は勉強しておかなければいけないだろう。

もう一つは、日本の常識が世界では通用しないということである。イスラム金融のように、地域独自の金融がなされている。また、「日本は欧米に学んだ」といわれるものの、欧米では当然にあるチップの慣習は日本にない。こうした慣習を「遅れた」「進んだ」と理解するのではなく、当該地域ではそれが合理的であるという立場から考える必要があるだろう。

附1 チューリップバブル

一七世紀、世界でもっとも豊かな国はオランダだった。オランダ東インド会社は空前の富を蓄積し、オランダ国民に多大な利益をもたらした。ご存知のように、一七世紀中頃からの日本にとって、オランダは欧米のなかで唯一の貿易相手国であった。日本との貿易独占も、オランダにとってヨーロッパ最大の貿易大国に押し上げた要因であったに違いない。

オランダの国花はチューリップ。干拓地に広がる風車とチューリップ畑を想像する人も多いだろう。水はけが良く湿気のある土壌と、涼しい春の気候がチューリップ栽培に適していた。現在でも、チューリップに限らず、ヒヤシンス、グラジオラス、ユリなどの球根栽培が盛んである。

一六世紀、チューリップはトルコからヨーロッパに伝わりすぐにヨーロッパの人々を魅了した。チューリップは交配しやすいといわれ、艶やかなチューリップ以外にも多種類の交配品種が出回った。

経済大国だったオランダの人々は新たな投資先を求めていた。すでに一五八五年、オランダ・アムステルダムの取引所では三三九品目の商品相場を公開していた。一七世紀初頭になると、アムステルダムに最古の証券取引所ができ、投資活動が盛んになっていた。そんななか、投機の対象として注目されたのがチューリップの球根である。ただし、

チューリップが咲き誇る庭園（富山県）
出所：チューリップ四季彩館提供

チューリップの球根は取引所の取引商品ではなく、政府の管理下に置かれていなかった。このため、何ら制限が無いまま投機が進むことになったのである。

果たして、チューリップの球根は当時の需要がそれほどあったわけではない。それよりも、近い将来に価格が高くなるだろうという予測と期待によるものであった。一六三六年の夏頃には栽培者と仲買者だけでなく、労働者階級を含めた一般の人々も参加してチューリップの球根価格が高騰した。価格が高騰すると、本来売買に参加するはずの球根収集家の富裕層や大商人は取引きに参加しなくなった。それまでは一部の珍種の球根が対象だったのが、もはや普通の球根にまで投機の対象となった。契約は非公式に、しかも広範囲に行われた。取引きの場所として居酒屋が使われることも多かった。

かくして球根の値段は高騰した。一本五五〇〇ギルダーの値が付いたとされる。五五〇〇ギルダーといわれてもピンとこないが、家一軒を建てることができたという。ところが翌年二月になると投機熱は急速に冷めはじめ、第二週には球根の値段は一本五〇ギルダーにまで暴落する。

アムステルダムの取引所の管轄外で行われたため、公的な判断ができず、裁判ではなく、球根の栽培者は売り先との示談で解決することになった。多くの人々が破産したという。

【参考文献】
「チューリップ恐慌」『歴史学事典』第一三巻（弘文堂、二〇〇六年）
エドワード・チャンセラー『バブルの歴史』（日経ＢＰ社、二〇〇〇年）

附2 南海泡沫事件

「バブル経済」という言葉は、今では普通に使われる用語だが、このバブル経済の「バブル」の語源は、南海泡沫事件（The South Sea Bubble）からだといわれている。

一八世紀初頭のイギリスは、スペイン継承戦争（一七〇一年～一三年：スペイン王位の継承・権益をめぐる戦争）や国内の反乱鎮圧などで政府支出は増大した。これを賄ったのは国民への増税ではなく、公債である。この時、イギリス政府が抱えていた公債は九〇〇万ポンドを超えていた。政府はこの膨大な公債を整理しなければならなかった。そこで政府は特許会社である南海会社を設立し、この問題の解決を期待した。特許会社とは、国王から権益の独占を認める特許状を受ける代わりに上納金などを支払う会社のことである。南海会社が設立されたのは一七一一年のことである。

イギリス政府は南海会社に対し、フランスから奪ったスペイン領南アメリカ（南海地方）の貿易特権を認めた。ここでの貿易は奴隷貿易などが期待され、高い利益を得ることが見込まれた。奴隷貿易とはアフリカの黒人を捕まえて、労働力として植民地に売り込むことである。実際、武器やアクセサリーなどを積載して西ヨーロッパの港を出港し、西アフリカで黒人奴隷を得、西インド諸島で砂糖や綿花を積んでヨーロッパに帰港した。この三角貿易で巨大な富を得ていたのである。この奴隷貿易を認める代わりに求めたのが公債の整理であった。

南海会社の本来の業務である貿易活動は準備が遅れ、貿易取引が開始されたのは一七一五年になってからのことである。ただ貿易事業は期待したような利益は得られず、一七一八年にスペイン戦争が勃発すると、不振に拍車をかけることになった。この営業の不振にかかわらず、三一〇〇ポンドを超える政府公債を処理する必要があったのである。

南海会社では、公債と株式の交換比率は相互に時価で評価することになっていた。会社はあらゆる方法を講じて株価釣り上げを行う。この時の「あらゆる方法」について、「たぐい稀なる詐欺的行為」といわれるが具体的にはわからない。ただ、当時の投機熱にも支えられ、第一回払い込みの一七二〇年四月一四日には、株価は三倍に高騰した。額面総額二二五万二〇〇〇ポンドの株が六七五万六〇〇〇ポンドになった。

さらに七月には額面の一〇倍、八月初めには八倍になるが、一〇月には一〇倍（二二五二万ポンド）にまで跳ね上がった。この半年の間に現金払い込み四回、公債払い込み四回の合計八回行われ、公債の株式への転換操作が進められた。この時、増資も行われていたようで、会社は多大な資金を手に入れた。目標の三一〇〇万ポンドのうち二六八〇万ポンドあまりの公債が整理できた。しかし、実質中身のない経営に株価を維持し続けることはできない。株価の暴落は始まり、九月末には当初額面の三倍、一一月には当初の値段に落ち着いた。

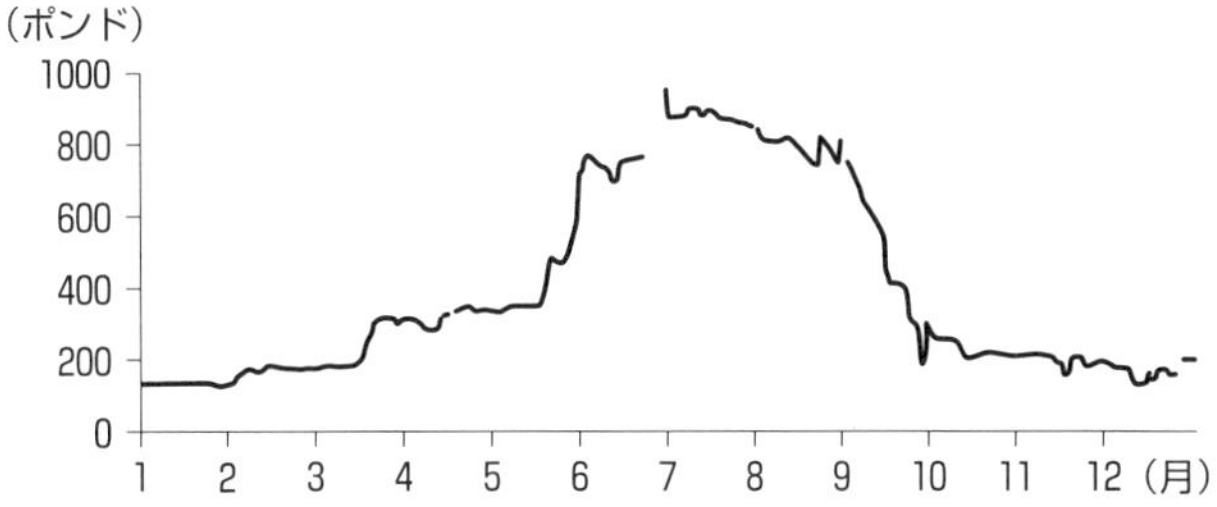

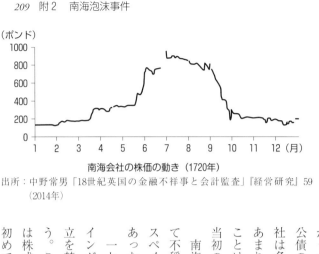

南海会社の株価の動き（1720年）
出所：中野常男「18世紀英国の金融不祥事と会計監査」『経営研究』59（2014年）

南海泡沫事件の結果、破産者が続出し、損失を蒙った投資家たちは救済を求めて不穏な状況に陥った。「ローマ帝国衰亡史」の著者ギボンの祖父エドワードは、スペイン継承戦争の際に軍需調達などで活躍した商人だったが、南海会社役員であったため財産を失った。

一七二〇年、議会は泡沫会社禁止法（Bubble Act）を制定し、これまであったイングランド銀行、東インド会社、そしてこの南海会社を除いて、株式会社の設立を禁止する。これにより多くの不法会社が消滅し、投機熱も急速に冷めたという。この法律は一八二五年に廃止されるまで続いた。この法律のため、イギリスは株式会社の発達が遅れ、大規模な企業が成立しにくかったといわれる。世界で初めて産業革命に成功したイギリスがドイツや米国との競争に敗れる遠因として、同法が続いたことも指摘されている。

なお、南海会社は、一七二一年に貿易活動を再開するものの、成果はあまり得られず、一七三六年にはやめることになる。南海会社の貿易独占権は一八一五年まで続くことになるが、事業の内容は国債保有会社として存続する。

以上を考えると、南海会社という実績のない会社を設立し、当時の投機熱に「風評」を加え株価を引き上げ、それを公債に転換した。『バブルの歴史』の著者エドワード・チャンセラーは、この事件を「忘れてはならず、許してはならない南海の愚挙」というタイトルで著している。

ただ、この点、国債史の立場からすると少し違った評価になるようだ。南海会社の設立と展開は、様々あった公債を一括りに集める公債管理計画の実行過程であったという評価である。そして、南海会社の計画の主な狙いは達成できたという好評価が指摘されている。イギリスが抱えていた有期年金や流動債などを南海会社の基金に統合することで永久確定公債にし、さらに、すべての国債を買い取り利払いを受ける提案を行い、一七二〇年四月にはイングランド銀行と東インド会社が引き受けている公債を除くすべての公債の買い取りを認める法律を定めている。

また、一七二七年には、四％利下げし、低利借り換え計画を行っている。そして、公債（非償還債）は会社債（償還債）に転換することで安定した国からの利払いから、株式の配当へと転換する。その意味では、政府の目論見通りだった。なお、国債保有会社と化した南海会社だが、同社に関わるすべての公債は一八五四年に償還された。

【参考文献】

エドワード・チャンセラー『バブルの歴史』（日経ＢＰ社、二〇〇〇年）
「南海泡沫事件」『歴史学事典』第一三巻（弘文堂、二〇〇六年）
「国債」「奴隷貿易」「南海泡沫事件」『歴史学事典』第一巻（弘文堂、一九九四年）

附3 ワーテルローの戦いとロスチャイルド家

ロスチャイルド家といえば、著名なヨーロッパの財閥である。欧州全土をネットワークにした国際金融家であり、実業家でもある。

一九世紀前半、マイアー・アムシェル・ロートシルトがフランクフルト（ドイツ）の銀行家として成功すると、五人の息子をフランクフルト（長男アムシェル）、ウィーン（次男サロモン）、ロンドン（三男ネイサン）、ナポリ（四男カール）、パリ（五男ジェームズ）に配し、銀行業を拡大する。世界の金融史を振り返る時、ロスチャイルド家について触れる機会は多いが、今回は有名なワーテルローの戦いの時の〝大博打〟を紹介しよう。

フランス革命後に登場したフランスの英雄ナポレオンは、イギリス以外のヨーロッパ全土を制圧する。なかなか降伏しないイギリスに対しとった政策が大陸封鎖令（一八〇六年）である。イギリスとの交易を禁じたことで、大陸諸国では砂糖、煙草などのイギリス（およびイギリスの植民地）から送られてきていた諸物資が不足し暴騰する。他方、イギリスでは諸物資が売れなくなり暴落した。この時、ロンドンにいたネイサンは、兄弟たちと連携し密輸を行い販売した。多くの人々に感謝され、多額の利益を得たという。

そして、ナポレオン最後の戦いといわれるワーテルローの戦い（一八一五年）。ロシア遠征の大敗によりエルバ島へ流されたナポレオンは、再起を図ってフランスに帰還し皇帝に返り咲くものの、この戦いで各国連合軍に敗れる。

さて、この戦いが終わった時、マイアーはロンドンの金融街にいた。彼は他の人たちと同様にイギリスの勝利を願い、国債を購入していた。ナポレオンが勝てばイギリス国債は暴落し、負ければイギリス国債は暴騰する。これは明らかだった。

さて、ワーテルローの戦いに勝利したイギリス軍の将軍ウェリントンは、すぐにロンドンに飛脚を送った。しかし、それよりも早く、ロンドンでこの勝利の情報を得たのはマイアーだった。彼は情報を得るとただちにロンドンの取引所に向かう。そして国債を「売った」。イギリス軍の勝利で暴騰するはずの国債を売ったのだ。しかし、公債市場は、このマイアーの行動を見て一気に売りに殺到する。戦争の結果を知らない市場の人々はマイアーが「国債を売る」ことで、戦争が負けたと判断したのだ。そして、二束三文になってしまった公債を一気にマイアーは買い戻した。イギリス勝利が伝わるとともに国債は高騰し、マイアーは巨大の富を得ることに成功した。

この時、ネイサンは伝書鳩を利用したという話もあるが、ドーバー海峡に快速船を運航し、さらにドーバーとロンドンの間に早馬を準備していたという。こうした情報収集の結果、いち早く勝敗を掌握できたのである。ナポレオンを手玉にしたのは、他でもないロスチャイルド家であったのかもしれない。

【参考文献】
横山三四郎『ロスチャイルド家—ユダヤ国際財閥の興亡—』（講談社現代新書、一九九五年）

附4　利子を取らない金融

お金を借りたら利子を添えて返却する。一般に利子は、貸したことへのリスク（貸し手は借り手に貨幣を貸している間に貨幣を必要とするリスクや、借り手が貨幣を返せなくなってしまうかもしれないリスク）に対する対価として支払われると理解されている。だから利子率はリスクが高ければ高くなるし、リスクが低ければ利子率は低くなる。預金者は銀行にお金を預けることで利子を受け取り、企業などは銀行からお金を借りることで利子を支払う。その差額で銀行は経営しているといって良いだろう。

イスラム諸国では、アルコールや武器、賭博、麻薬などの取引きは禁じられているのと同様に、お金の融通に対し利子（リバー）を受け取ることを禁じている。だからイスラム銀行のことを、無利子銀行、イスラム無利子銀行などということもある。そのためにどのような経営が行われているか紹介しよう。

一つは商品代金にマージン（手数料）を上乗せする「ムラバハ」である。これは、例えば、家を購入する時には、銀行と顧客が共同で住宅を買い上げて、その後、顧客が利子を盛り込んだ代金を分割払いで銀行に支払うようにする。そうしながら次第に所有権を増やしていくという方法だ。

次は、事業に投資し、その配当を受け取る「ムタラバ（ムターラバ）」である。これは、事業者に対し資金を与えてプロジェクトを実施させ、生じた利益をあらかじめ合意しておいた割合で両者が配分する方法である。利益が多額であれば両者の分け前が多くなり、逆に損をすれば、回収できなくなる。同様に「ムシャーラカ」という方法では、両者が共同出資でプロジェクトを実施し、合意した割合で利益や損失を配分しあう。ほかにも機械や船舶など高額な商品をリースの方法で与える「イジャーラ」などもある。

イスラム金融の特徴は、単なる金融ではなく、結果として事業そのものに銀行が関与しているところにある。預金を受ける場合も、預金者とイスラム銀行との間で「ムタラバ」に基づいた契約が結ばれ、預金者に支払われる。よって、利益は高下し、損失が生じれば預金の元本は保証されない。ただ、少額預金者の保護の観点から「ムタラバ」の範囲で様々な工夫がなされているとのことである。

銀行は、お金を貸して、借金を取り立てるだけでなく、事業にも責任を取るということか。

【参考文献】

「イスラム銀行」『歴史学事典』第一三巻（弘文堂、二〇〇六年）

日本金融史年表

和暦	西暦	月	事項
慶應三	一八六七	一〇	大政奉還
		一二	王政復古の大号令
明治一	一八六八	一	鳥羽伏見の戦い
		三	五か条の御誓文（明治維新）
		五	太政官札発行
		九	明治に改元
〃四	一八七一	五	新貨条例布告
〃五	一八七二	一一	国立銀行条例を発布
〃六	一八七三	六	第一国立銀行が設立
〃七	一八七四	二	台湾出兵
〃九	一八七六	八	金禄公債証書発行条例（秩禄処分）
		〃	改正国立銀行条例を発布
〃一四	一八八一	一〇	明治十四年政変（大隈重信失脚）
〃一五	一八八二	一〇	日本銀行開業
〃一七	一八八四		松方財政（デフレ）による農村不況が深刻化（一八八一年〜）
〃一八	一八八五	五	日本銀行兌換銀行券を発行する
〃二三	一八九〇	三	明治二十三年恐慌（一八九〇年恐慌）、銀行条例
〃二七	一八九四	八	日清戦争勃発
〃三〇	一八九七	一〇	金本位制実施（貨幣法施行）
〃三三	一九〇〇		産業組合法公布
〃三七	一九〇四	二	日露戦争勃発
〃四〇	一九〇七		日露戦争恐慌
大正三	一九一四	七	第一次世界大戦（一九一八年一一月まで）
〃六	一九一七	九	米国、日本など金輸出を禁止
〃七	一九一八	七	米騒動発生
〃九	一九二〇	三	戦後恐慌（反動恐慌）発生
〃一二	一九二三	九	関東大震災発生、震災恐慌
昭和二	一九二七	三	昭和金融恐慌発生
〃四	一九二九	四	モラトリアム（支払い猶予）が実施
		一〇	米国ウオール街で株価大暴落、世界恐慌
〃五	一九三〇	一	日本、金輸出を解禁。金本位制に復帰
			昭和恐慌
〃六	一九三一	一二	金輸出再禁止、再び管理通貨制度に
〃七	一九三二	二月〜三月	血盟団事件
〃一一	一九三六	二	二・二六事件
		三	広田弘毅内閣
〃一二	一九三七	七	盧溝橋事件、日中戦争始まる
〃一三	一九三八	四	国家総動員法公布
〃一四	一九四〇	九	近衛文麿内閣のもと国民精神総動員運動が推進される
〃一六	一九四一	一二	太平洋戦争始まる
〃二〇	一九四五	三	硫黄島玉砕
		〃	沖縄慶良間諸島上陸、四月、沖縄本島
		八	終戦。
〃二一	一九四六	二	金融緊急措置令公布
		八	経済安定本部（安本）設置
		一〇	復興金融金庫設立
		一二	傾斜生産方式を推進
〃二二	一九四七	一二	過度経済力集中排除法公布

〃二三	一九四八	一二	GHQ、経済安定九原則発表する
〃二四	一九四九	二	ドッジ来日（三月、ドッジ・ライン指示）
		四	単一為替レート（一ドル三六〇円）設定
		八	シャウプ勧告
〃二五	一九五〇	六	朝鮮戦争勃発
〃二六	一九五一	六	信用金庫法、相互銀行法施行
〃三〇	一九五五		神武景気（～五七年）
〃三一	一九五六	一二	国際連合加盟
〃三二	一九五七		なべ底不況
〃三四	一九五九		岩戸景気（～六一年）
〃三五	一九六〇	一二	国民所得倍増計画策定（高度経済成長政策）
〃三八	一九六三	二	ガット一一条国へ移行
〃三九	一九六四	一〇	東京オリンピック開催
		四	国際通貨基金八条国へ移行、ＯＥＣＤ（経済開発協力機構）に加盟
		一〇	東京オリンピック開催
			証券不況（～六五年）
〃四一	一九六六		いざなぎ景気（～七〇年）
〃四三	一九六八	六	中小金融二法（相互銀行・信用金庫法改正法と金融機関の合併、転換法）公布、施行
〃四六	一九七一	八	米国がドル防衛策＝ニクソンショックを発表
		一二	一ドル三〇八円
〃四八	一九七三	二	円、変動相場制へ移行

おわりに

初校の確認がすみ、「おわりに」を書いている。本書の内容は、『月刊　金融ジャーナル』で連載していた内容を整理してまとめたものである。この連載は二年間のインターバルがあるが、約一五年間続けている。

金融の問題は、なじみにくいテーマである。これは、わかりづらいだけでなく、お金のことを考えることを良しとしない風潮にも原因があるのだろう。ただ、わからなくて済むことであれば、それでも構わないが、それが今の課題であれば、そうもいっていられない。円安、インフレ、物価高、低金利など、これらは、それだけでは各自の関心外のように思われるかもしれない。しかし、「海外旅行に行ったが物価が高い」「最近、ガソリン代が高い」「銀行に預けると、手数料を支払わないといけない」「スマホ決済ができる」など、身近に感じることの多くは金融の問題である。だから、金融の問題を理解することは他人事ではない。

金融史を考える意味について触れておきたい。残念ながら、本書は儲かる話は書いていない。本書を読んだとしても、どの企業に投資したらよいかはわからない。だけど、そういうことに関心を持つ人にも是非読んでほしい。「金融とは何か」について、少しだけでもわかってほしいと思う。

野球を例にしてみよう。熱闘甲子園を見ても、チームワークの熱いドラマを見ても、決してそれ自体で野球が上手になるわけではない。だけど、野球を理解するのは練習で上手になることだけではないだろう。「儲けるため」に金融を学ぶことも大事なのかもしれないが、「皆が幸せになるため」に金融はどうあるべきか、という点にも思いをはせてほしい。

「歴史は繰り返す」とはいうものの、全く同じような事件が繰り返されることはない。しかし、根本は変わらないことが繰り返されることがある。そしてまた、前述した円安やインフレなどの諸事象は、運命的な結果ではなく、我々の意志の結果である。そのことを知ることは大事である。もちろん、自分の利権を求めて金融に関わる人は少ないだろう。よりよい社会を考えてのことに違いない。本書で取り上げた人物たちは、それぞれの信念に基づき、それぞれの立場で金融の問題に関わった人たちなのである。それについて学習していただければと思う。

なお、「はじめに」にも書いたが、本書の姉妹版で近代までの金融史を紹介した『やさしく日本の金融史』（学文社、二〇二〇年）、歴史的に概観してある『新版入門日本金融史』（日本経済評論社、二〇一六年）などもある。もう少し読み進めたい方は是非読んでほしい。金融の問題は奥が深い。この三冊を読んでも、金融を理解したことにはならないが、おおよその流れを理解し、金融とは何かについて理解することはできるだろう。もちろん、さらに詳しい本も多くある。それらを学習していただければと思う。

最後になるが、本書刊行にあたり、原稿の転載を快く引き受けていただいた月刊金融ジャーナルの皆さん。また、本書の編集にあたり、多くの前向きな提案をいただいた、豊田彰吾さん。そして、写真等の編集について快諾いただいた各団体様に心より感謝申し上げたい。

二〇二三年一一月

落合　功

初出一覧

本書は，日本金融通信社『月刊　金融ジャーナル』における著者の連載コラム「探訪　ニッポンの金融史」を改稿して採録した。各タイトル初出の年次および号数は以下のとおりである。

なお，「13　高橋是清―軍部の圧力に屈せず楯となる―」は，大石学編著『侠の歴史―士は己を知る者のために死す，「侠」に生きた勇者たち―』（清水書院，2020年）所収の拙稿，「高橋是清―国民の盾となり，国民に殉じた男―」（336–348ページ）からも大部分引用し，再構成した。

項目	タイトル	初出年月：号数
1	由利公正　富国の願いを紙幣に込めて	2018年４月：744
2	福沢諭吉　欧米の銀行・保険を紹介	2018年５月：745
3	大隈重信　能力生かし時代の波に乗る	2018年６月：746
4	渋沢栄一　道徳と経済の一致を提唱	2018年７月：747
5	アラン・シャンド　銀行実務を伝えた英国紳士	2018年８月：748
6	井上馨　緊縮財政の信念を貫く	2018年９月：749
7	五代友厚　国難に民の立場で応える	2018年10月：750
8	松方正義　政策に信念と覚悟をもって	2018年11月：751
9	三野村利左衛門　三井を支えた大番頭	2018年12月：752
10	岩崎弥太郎　金融システムを海運業に利用	2019年１月：754
11	安田善次郎　誤解を恐れぬ銀行王	2019年２月：755
12	岡田良一郎　相互扶助金融の理念を現実に	2019年３月：756
13	高橋是清　軍部の圧力に屈せず楯となる	2020年５月：771
14	井上準之助　世界の金融情勢に翻弄される覚悟の人	2020年４月：770
15	池田成彬　暗殺名簿に入った銀行家・重鎮	2020年６月：772
16	馬場鍈一　「軍備は生産」と考えた一県一行主義生みの親	2020年７月：773
17	渋沢敬三　民俗学崇敬し，戦後復興担った異色金融人	2020年８月：774
18	一万田尚登　GHQ・政府から日銀の独立守った法王	2020年９月：775
19	有澤広巳　経済政策立案で戦後復興に貢献	2020年10月：776
20	石橋湛山　小日本主義，インフレを推奨した「街の経済学者」	2020年11月：777
21	池田勇人　「所得倍増」掲げ，麦をよく食べた首相	2020年12月：778
22	ジョセフ・ドッジ　３つの「ドッジ・ライン」で復興導く」	2021年１月：780
23	愛知揆一　多くの課題解決やるべき時に負けない	2021年２月：781
24	小原鐵五郎　現代に通じる小原鐵五郎の言葉	2019年11月：764
25	下村治　国民の幸福考えた信念の実務官僚	2021年３月：782
26	勝つために貯蓄を	2019年８月：761
27	戦時下の貯蓄運動	2017年８月：735
28	日本武尊の千円札	2010年９月：645
29	沖縄戦下の銀行員（上）	2016年８月：722
	沖縄戦下の銀行員（下）	2016年９月：723
30	空襲時の現金の隠し方	2016年３月：717
31	戦時期の行員たち	2015年９月：710
32	爆風を耐えた日銀広島支店	2014年３月：691
33	５度の引っ越し	2017年３月：730
34	新円切替	2011年３月：652
35	竹馬経済	2010年12月：648

36	ドッジ＝ライン	2011年1月：650
37	所得倍増計画	2011年2月：651
38	農協の誕生	2010年6月：642
39	善意の連鎖反応	2014年7月：695
40	大蔵省検査	2014年11月：699
41	信用金庫の成立	2017年11月：738
42	人こそが財産	2015年8月：709
43	経済官僚からのメッセージ	2013年11月：686
44	好景気を表す名称	2013年7月：682
45	幻の「りんご銀行」	2014年5月：693
46	貯金の日	2014年10月：698
47	44歳の若き大蔵大臣―田中角栄―	2020年1月：767
48	記念硬貨・効果（上）	2019年9月：762
	記念硬貨・効果（下）	2019年10月：763
49	メインバンク制と六大企業集団	2014年1月：689
50	裾野金融	2015年1月：702
附1	チューリップバブル	2021年4月：783
附2	南海泡沫事件（上）	2022年2月：794
	南海泡沫事件（下）	2022年3月：795
附3	ワーテルローの戦いとロスチャイルド家	2021年11月：790
附4	利子を取らない金融	2022年1月：793

本書掲載の写真は，各機関・団体のホームページ公開画像から取得したものも多い。各機関・団体の皆様に厚く御礼申し上げるとともに，下記にホームページのURLを記す。

国立国会図書館ウェブサイト「近代日本人の肖像」 https://www.ndl.go.jp/portrait/

沖縄県公文書館　https://www.archives.pref.okinawa.jp/

よみとき仙台写真集（仙台市民映像資料プロジェクト） http://photo-sendai.com

Amazing Aomori　青森県観光情報サイト　https://aomori-tourism.com/

財務省ウェブサイト「記念貨幣一覧」 https://www.mof.go.jp/policy/currency/coin/commemorative_coin/list.htm

裾野市観光協会ウェブサイト「裾野の富士山」https://www.susonokanko.jp/%E8%A3%BE%E9%87%8E%E3%81%AE%E5%AF%8C%E5%A3%AB%E5%B1%B1/

チューリップ四季彩館「2023となみチューリップフェアフォト集」 https://fair.tulipfair.or.jp/2023%e3%81%a8%e3%81%aa%e3%81%bf%e3%83%81%e3%83%a5%e3%83%bc%e3%83%aa%e3%83%83%e3%83%97%e3%83%95%e3%82%a7%e3%82%a2%e3%83%95%e3%82%a9%e3%83%88%e9%9b%86/

また，表紙の写真の出所は，上段右上を①として，時計回りに下記の通りである。

①～③・⑥：国立国会図書館ウェブサイト「近代日本人の肖像」

④：日本銀行ホームページ掲載写真をもとに編集

⑤・⑦：日本銀行提供

裏表紙：国立国会図書館ウェブサイト「写真の中の明治・大正」 https://www.ndl.go.jp/scenery_top/index.html

索　引

あ行

か行

【著者紹介】

落合　功（おちあい　こう）
青山学院大学経済学部教授　学位：博士（史学）

【略歴】

1966年	神奈川県川崎市生まれ
1995年	中央大学大学院文学研究科博士後期課程修了
1995年	日本学術振興会特別研究員
1998年	広島修道大学商学部専任講師
1999年	広島修道大学商学部助教授
2002〜13年	広島修道大学商学部教授
2013年	現職（講義科目：日本経済史）

【著書】

『評伝　大久保利通』（2008年７月，日本経済評論社）
『入門　日本金融史』（2008年１月，日本経済評論社）
『新版　入門日本金融史』（2016年５月，日本経済評論社）
『やさしく日本の金融史』（2020年９月，学文社）

ちょっと深掘り　日本金融史
—歴史から金融を考える

2024年３月15日　第１版第１刷発行
2024年８月10日　第１版第２刷発行

著　者　落合　功

発行者　田中　千津子
発行所　株式会社　学　文　社

〒153-0064　東京都目黒区下目黒3-6-1
電話　03（3715）1501（代）
FAX　03（3715）2012
https://www.gakubunsha.com

印刷所　亜細亜印刷

ISBN978-4-7620-3319-3